ステートメント宣言。

いま、ステートメントが求められていま
す。方針。約束。声明。宣言。それらを
意味する300文字の手紙が、企業、商
品、サービスの広告づくりにとどまらず、
プレゼンテーションの冒頭や、インナー

プロジェクトのコンセプト策定段階など、あらゆるフェーズで強く求められています。このことはあまり語られてきませんでしたが、現場で働く者の実感としては、この十年の、さまざまな業種にまたがる同時多発的な現象でした。それが２０２０年を経て、決定的な出来事になったのではないでしょうか。そもそも、われわれコピーライターの仕事は、キャッチコピーを考えるだけではありません。いま、時代は、1980年代ではないのです。コピーライターは、キャッチコピーづくりの中で研ぎ澄ましてきた感性や技法と、それを包括的に平易に語るボディコピーのノウハウを総動員して、何かしらの目的を効率的に達成することに他なりません。コピーライターのチカラをそう捉え直すならば、コピーのやるべきことは今後いっそう広がりを見せるはずですし、その発想法などは広告業界以外の人にも役立つものになるはずです。

ステートメントを書く。企業や商品の、生まれてきた理由を探す。どんなに難しいテーマでも、柔らかい言葉で綴る。心を込める、手紙のように。そのすべてを教えてくれたのは、師匠の岩崎俊一さんです。岩崎さんに導かれて書いてきたコピーとステートメントを軸としながら、そのとき考えたこと、話し合ったこと、いったん書いたけど消したことなどもふくめてお話ししたいと思います。勢い、力んでしまうところもあるかもしれませんが、さぁ深呼吸して。ステートメント宣言、はじめます。

はじめに

広告コピーというと、ふつうは短く呼びかける、インパクトのある言葉を思い浮かべると思います。広告の見出しにあたる、キャッチコピーと呼ばれる部分です。でも広告にはときどき本文があります。大声ではなく小声で、啖呵を切るのではなく落ち着いてゆっくりと、そばにいる人に語りかけるような文章。それがステートメントであり、ボディコピーです。

企業ステートメントは方針、約束、声明、宣言など、さまざまな意味合いで用いられますが、もっと簡単にいうとそれは、企業から世の中への「手紙」なんだと思っています。

便箋にしたためる手紙のようなものなのだから、やさしく、柔らかく、気持ちの入ったステートメントをつくりましょうと、クライアントにはいつもしつこいくらい言っています。だいたい300文字とか、それくらいでしょうか。その手紙には、企業としてのいままでの歴史やこれからのビジョン、商品やサービスの存在理由や社会的な価値、広告キャンペーンであれば企画のほぼ全容が網羅され凝縮されます。

これからのコピーライターにとっていちばん大切なこと。ですからそれは、ステートメントが書けることだと私は思っています。ステートメントが書けるということは、広告にとっていちばん大切なコンセプトづくりに直接つながっていきますし、広告クリエイティブにおいてはその骨格部分を担える、ということを意味するからです。

キャッチコピーというたったひと言をつくって終わりにするのではなく、できるだけていねいに言葉を紡いだ、300文字も同時につくること。それこそが企業、商品、プロジェクトの現在地を指し示す地図にもなるし、そのうえで進むべき方位を教えてくれる羅針盤にもなる。プロジェクトが動き出すときの、エネルギーにだってなるし、はじまりの合図にもなる。

私がステートメントの重要性を語るのは、それがさまざまな形で重要な役割を果たすことを、実際の仕事の中で感じることがとても多くなったからです。これは、大事なことかもしれない。いち早くお伝えしたほうがいいような気がする。いや、伝えなきゃ。近年のそんな気持ちの変遷が、この本をつくる最大のモチベーションとなったことは間違いありません。

01

神戸の魅力は、山より、海より、人でした。

そんな見出しからはじまるひとつのステートメントを紹介します。BE KOBEというプロジェクトの立ち上げの際に発表された、いわば声明文です。

震災から20年。この歳月の中で、
ひとつ、はっきりしたことがあります。
それは、神戸のさまざまな魅力の中で、
いちばんの魅力は、人である、ということ。
この街には、街の復興のためにチカラを尽くす人々がいます。
困っている人に対して当然のように手を差しのべる人々が
いまだに数えきれないほどいます。
人は、どれほどの困難に出会っても、それでも前を向き、心を合わせて生きていく、大きなチカラを持っている。
そのことを教えてくれた20年を、
私たちは大切にしたいと思います。
それぞれの心の中で育まれてきた、それぞれの「神戸」。
「BE KOBE」は、ひとりひとりにそれを語ってもらい、
みんなで共有し、歩みを進めるための取り組みです。
あなたも、あなたの中の神戸といまいちど向き合ってください。

02

これは企業広告でもなければ商品広告でもありません。都市のブランディング的な側面がまったくないとは言いきれませんが、テーマがテーマであるだけに、いま流行りの地方都市活性化キャンペーンでもありません。

呼びかける側と受け止める側が一体となるための「語りの運動」のようなものをめざしました。何かを仕掛ける人がいて、それを消費する人がいる、という関係ではなく、市民一人ひとりが神戸人であることをあらためて考える。思い出したくないこともあるかもしれないけれど、ゆっくりと大事なことを思い出す。そして神戸の人たちが実際にやってき

たことを胸を張って周りにも発信してもらえたら、それは神戸の人たち全員のプライドになるでしょうし、さらには日本中の人々にとっても、前例のない大きな意味を持つだろう。そういうことを思いながら、内心、恐る恐るではありましたが、綴らせてもらいました。

ですからこれは、手探りの挑戦でした。目に見えず、手に取ることもかなわない気持ちの問題。20年という歳月が、ある種の風化を促していく記憶の問題。そういう難題を取り扱って、さらに人々の気持ちを新たにひとつにするための、ステートメント。成果はすぐには出ませんが、この5年で少しずつ前に進んでいる実感はあります。こういう挑戦ができたこと。それ自体がステートメントの成果であり、可能性でもあると言えるのではないでしょうか。

「ステートメントは手紙である」と言いました。

この世に生まれたどんな小さな出来事も、抱えきれないほどの大きな出来事も、全部受け止める。そして最終的にはそれを全力で肯定し、言葉でエールをおくるのがコピーライターという仕事なのだと思います。以前の書籍では、コピーライターとは翻訳者であると冒頭に書きましたが、いまはそれよりも大事な役割があると思っています。だからこそ、ステートメントについてこの本で懸命に語ろうとしているわけです。

ところが若いコピーライターと話をしていると、ステートメントやボディコピーを書いたことがない、という人が少なくありません。広告でそれを書く機会が減っているのは、新聞広告を制作する機会が如実に減っているからです。長文のコピーを書くのは時間もかかりますし、エネルギーもいります。はっきり言って苦しくて面倒な作業です。私も若い頃は嫌で嫌でたまりませんでした。でも、その面倒の先にあるものを身をもって体験している者として思うのは、いまの若手はむしろ可哀想なんじゃないかということです。

ちなみに私は、師匠からボディコピーの及第点をもらうまで10年近くかかりました。それくらい大変なのがステートメント。まぐれ当たりがあるキャッチコピーとは訳が違うのです。それだけはまずお伝えしておきます。

この本は、こうしたらすぐに書けるというようなハウツー本のノリではありませんが、何かしらの手助けはむろんしたいと思っています。私がふだん実践していること、試行錯誤していることなどを綴っています。自分のもの、岩崎さんと共作のもの、他の方のすばらしい実践例を織り交ぜながら、どんな眼差しで書けばいいのかを語っていきます。

それは広告をつくるときにも、その手前のブランディング作業においても、役に立つはずです。さらには前述の通りステートメントはビジョンや企画の根幹ですから、ビジネス文書を書く人、プロジェクトを推進する担当者、イベントのコンセプトを考えている人など、広告以外の仕事に携わる人にとっても、何らかのヒントやきっかけになるはずです。

目次

第2章・わからないから聞く、わからないから書く

第3章・本当のところを、自分に問いながら

第4章・書くことは、生きること

第1章

商品が「生まれてきた理由」を探す

どんな企業にも存在理由はある

コピーライターは、何のために広告コピーを書くのでしょうか。広告コピーは基本、クライアントからの依頼を受けてコピーをつくるものです。世の中に発信したいニュースや想いを、それを伝えるプロである広告制作者が仲介し、情報としてより魅力的なものにしたうえで世に送り出します。やって来る依頼は、じつにさまざまですが、「社名認知度や商品認知度を上げたい」「企業や商品の良さを伝えて、まず好きになってもらいたい」「とにかく売りたい」などいわゆる広告的なものから、「社員の気持ちをひとつにしたい」「創業の精神を徹底周知したい」「人材獲得に困っているのでリクルーティングを強化したい」など、近年その要望が増えつつあるブランディング的なものまでじつにさまざま、多様化が進行しています。

ただ、いずれの依頼においても、ひとつ共通していることがあります。きわめて当たり前に聞こえるかもしれませんが、それは企業や商品の存在価値を高めるために広告をつくる、そしてコピーを書くということです。「存在価値」。私たちの仕事ではよく使う言葉ですし、たぶん日常生活においても比較的使われる身近な言葉なのではないでしょうか。「あれじゃあもう、存在価値ないよね」なんてかんじで。どちらかというと強く否定するときにこの言葉を使っているのではないでしょうか。

でも私たちの場合、その逆です。こうして存在価値を高めましょうとか、存在価値を上げるには、どうしたらいいだろうね？とか、とにかく後ろ向きな話のときにはあまり使わない。ほぼほぼ前向きな文脈においてだけそれを使用する。いいわるいはいったん判断を留保しますが、そこがこの業界の特徴かもしれません。

思えばすごいことを口にしているとも言えます。「存在」って、ほんとうは気軽に連呼するような言葉ではない。軽々しく使ってはいけないくらい、大きくて、重くて、尊い。まともに向き合えば、とてもしんどいはずの言葉です。でも、見方を変えれば、広告の仕事とは、そういう巨大で深淵なものと四つに組む、しんどいけどやりがいのある仕事。もっといえば、この世のありとあらゆるものを、いかなる状態であろうとも、まるごと認め、最後まで認め切る仕事だと思っています。私たちが存在を語るのは、一見軽率に聞こえているかもしれませんが、「まるごと」を「何とかしたい」という切なる想いからなのです。それだけは本心です。

とにもかくにもいいところが見つかるまで探して、ほめてあげる。やる気を出してもらって、自信を持ってもらって、いい顔になってもらう。そうしたらこんどは、世の中のみなさんに認めてもらう、ようにがんばる。相手のまるごとを受け止める、デカくて、前向きな仕事。バカがつくくらい前向きをめざすこの仕事が私はけっこう好きです。いや、ウソを言いました。これしかないと思っている。ケタ違いの大らかさ、包容力、寛容性がものを言う、こんな仕事はたぶん他にないんじゃないの？っていつも思っています。

03

電気もガスも自由に選べる時代。
私たちにしかできないことはなんだろう。
その答えはきっと、エネルギーが届く先にある。
暮らしをていねいに見つめると、
毎日あったらうれしいサービスは、まだまだたくさんあると思うから。
暮らしの中の「それから」をどんどんカタチにすることで、
いままで以上にあなたに寄り添う私たちです。

広告をするからといって、クライアントは業績がいいとは限りません。すべてが順調で未来が約束されている企業とも限りません。売れ行きが落ちている商品や、世の中の批判を浴びている企業の広告を相談されることだって多々あります。そんなとき問われるのが、コピーライターとしてのスタンスでしょう。私の場合、つまりそういう仕事ほど燃えるって話なのですが、クリエイティブにとって逆風は、間違いなく大きなエネルギー源となります。

この世に生まれてきたどんな商品、企業にも、存在理由はある。ちゃんと使命がある。前述した通り、そういう姿勢を取り続けることを私は大事にしています。一度、依頼を引き受けたなら、クライアントのことを好きになりますし、好きになったら全力で応援します。心の中では、思い切り贔屓もします。それをいかにも真面目にいうと、存在価値を探して定義する、なんて言ったりするわけです。

もちろん、手放しでほめるようなことは決してしません。クライアントが置かれている状況を、引いた視点から、正しく認識するよう努めます。のめり込んでしまったり、クライアントの御用聞きになれば、世の中の感覚といともたやすくズレてしまう。マス広告とはいまだ強大な増幅装置ですから、クライアントの側に立ちすぎるとあぶない。ほんのちょっとだけ肩を持ったつもりでも、ものすごく肩を持っているように見えてしまうわけです。このことを私たちは「バレる」とよく言いますが、言葉の選び方ひとつで如実にそれが伝わってしまうことがあります。さらにはバレるだけでなく誤解されることだってあります。だから私たちは言葉選びにとても慎重になる。誰よりも臆病になるのです。臆病は、コピーライターであるための第一条件であると言っていいでしょう。

もしクライアントが逆境に立たされているなら、そこから目をそらさない。そして私の場合、その企業をひとりの人間に置き替える。バツの悪いひとりの男がおずおずとみんながいる部屋に入ってくる。その第一声は何だろう。そのときどんな仕草や表情をしてるんだろう。声は果たしてうわずっているんだろうか。そんなことを考えながら私の言葉探しの旅はいつもはじまるのです。

04

「電気、ガス、それから それから それから。」

24ページにある7行のステートメントはTEPCO（東京電力エナジーパートナー）の企業ス

ローガンです。2011年以来、7年間マス広告をしてこなかったTEPCOの第一声「電気、ガス、それからそれから。」に続く、手短な挨拶のような言葉です。長い挨拶をダラダラするのはやめようと思って、まずこのボリューム感を想定しました。

「コンセントの、その先へ。」というのが、このときのテーマです。

電気だけじゃなく、ガスもやる。コンセントのところまでが持分だったTEPCOが、これからはその先の、暮らしにもしっかりと関わっていく。そこに住む家族とも顔見知りになれるよろこびや、もっと仲良くなりたくてうずうずしているかんじ。でも、話せなくておずおずとしている。そんなニュアンスを出したくて「それから」という言葉を繰り返すことにしました。鋭い発見があるようなコピーでもなく、激しくえぐり出すようなメッセージでもありません。このときはそういうことより「誠実なおずおず」をつくれたらいいなと思ったのと、でもみんなの前で、絶対に下を向かない人物像をつくることが、何よりも大切ではないか。そう考えたのです。

震えながら、胸を張れ。

岩崎さんがことあるごとに言っていた、思い出深い言葉です。震えてうずくまってもいけない。ただ偉そうなのはもっと慎まなければいけない。自分の話をするときの、これがすべての基本だと言い切ってしまっても構わないのではないでしょうか。

広告は、自分語りの装置です。メディアがどんなに変わっても、その性質だけは変えようがありません。つまりは広告もブランディングも、平たく言えばどこまで行っても、自己紹介とその応用。だからこそ「震えながら、胸を張る。」そのスタンスが、これまでもこれからも決して変わることのない理想なのです。

プロジェクトを動かすのは300文字の手紙

幸せは、名もない一日につまっています。
どんなさりげない一日にも、心を澄ませば
感じる幸せが、いっぱいつまっています。

小鳥の声でめざめる幸せ。洗いたてのシャツに
腕を通す幸せ。炊きたてのご飯を
噛みしめる幸せ。雲ひとつない青空を
仰ぎ見る幸せ。「行ってらっしゃい」と
家族に送り出される幸せ。誕生日や、
結婚記念日や、クリスマスも大切だけれど、
人生の大半を占める、そんなふつうの
一日一日がどれほど大切か。ライオンは、
そのことを誰よりも知っています。
なぜなら、そこにライオンがいるからです。
そこに、ライオンの仕事の場があるからです。
いつも人のそばにいて、めぐり来る
すべての一日の、人の清潔、人の健康、
人の快適、そして人の環境を守りつづけること。
それこそが、私たちライオンの変わることのない
使命であり、誇りでもある。そう考えています。

創業１２０年。
人のからだやくらしが求める、
希望に満ちた新しい未来を、日本ばかりでなく、
広く世界にも届けられることを大きな
よろこびとしたい、私たちライオンです。

05

文章に体温を感じることって、ありますよね。読んでいるうちに、ふと、心があたたかくなる。やさしく、しみてくる。そんな文章の代表といえば、やはり「手紙」だと思います。

手紙とは、基本的には「ひとりからひとりへ」と送るものです。

一対一の関係がまずそこにある。そして手紙を書くその人は、読む相手のことを、ずっと考えている。顔や仕草や交わした言葉、一緒に食べた物や行った場所などを、思い浮かべることに集中している。内容もさることながら、その、相手を思う時間の長さと深さが、

言葉をいっそうあたたかくしているに違いありません。受け取る人も、そのことがうれしいに違いありません。

言葉とは意味だけが重要なのではない。言葉の裏側からあふれ出す、意味とは違う何かが、人の心を動かすのだろうと思います。ならばビジネスにおける文章も、手紙のように人間味、あたたかみ、思いにあふれるものになればいいのではないでしょうか。

ところが「よし、企画書を書くぞ」「コピーを書くぞ」と意気込むと、とたんにモードが変わってしまう。「どうやって説得しようか」とか「頭のよさそうな文章にしないと」という気持ちになって、硬くなったり、冷たくなったり、理屈っぽくなってしまうから不思議です。ビジネスでの文章はロジカルなもの、クールなもの、それこそがプロフェッショナルであると勝手なイメージをして、結果、手紙の真逆を行くような文章を書いてしまうのです。

たしかに広告コピーは、徹頭徹尾、ビジネスのための文章です。遊びなんかじゃありません。利潤を追求するために、それ相応の予算と時間を投下して開発される、責任の重い文章です。なのでどうしても、構えてしまう。いろいろな意見を盛り込もうとするから、手紙的なパーソナリティが感じられない「顔なしのメッセージ」になりがちなのです。その傾向を何とかするのが、私たちの仕事です。コピーライターのフィルターを通して、できるだけ咀嚼したい、もぐもぐと噛み砕いた文章にしたいといつも思っています。具体的には、不必要な横文字を減らし、漢字の羅列を極力減らし、ひらがなを主役にできたら理想です。

一所懸命ひらがな化するなんて、おかしな仕事だと思われるかもしれませんが、ひらがなの比率を高めると文章の物腰がやわらかくなります。全体が軽やかになると同時に、しなりが生まれ、かえって強度が高くなります。そして何より読みやすいので、コピーライターが大切にする、スピードとインパクトをも生み出すことができるのです。

ひらがなには、力がある。そのことを忘れないでください。

これは勝手な持論ですが、この世には、漢字的態度、カタカナ的態度、ひらがな的態度という3つの態度が存在していて、どれを多用するかによって人は、ものの考え方や生き方さえも変わってくるのではないかと思っています。

かくいう自分も初めからそんなことを考えていたわけではありません。おそらくそれは、師匠である岩崎俊一さんの影響です。岩崎さんとのエピソードはこの後も詳しくお話ししていきますが、それはもう「影響」という言葉では到底言い尽くせない、全面降伏的な影響を受けてきました。

先に挙げた「今日を愛する。」というスローガンに続く文章は、2010年に岩崎さんと共作した、ライオンの企業広告、そのステートメントです。創業120年の歴史を持つ企業の、普遍的な価値をとことん突き詰めて、そして綴った手紙のようなステートメントです。

ステートメント後半に「からだ」「くらし」「よろこび」とひらがなが続きます。特に岩崎さんは「からだ」には強いこだわりがあり、「体」じゃ嫌なんだよなあ、なんか気持ち悪くない?と、このときに限らずよく言っていました。私はこの文字に関しては漢字派ですので軽くぶつかりもしたのですが、その感性こそが岩崎さんらしさである、とも言えます。

そして岩崎さんと私は思えば、ずっと、名もなき一日について考えてきたのだと思います。それは日用品以外のものであっても、根底にはすべて名もなき一日を送る、会ったことはないけれどそこにいるはずの「ひとり」への共感が、大げさにいえば偏愛が、そこにはあったような気がします。岩崎さんは、広告コピーも、企画書も、手紙のように書きました。『ブレーン』という雑誌で、こんなことを語っています。

企画書には僕がオリエンを聞いて思ったこと、感じたことを正直に書きます。企画書はクライアントへのお手紙のようなもので、「ここは変だと思うのですが」みたいなことも書く。まさに僕の肉声であり、ボディコピーの原型ともいえるものです。だから、そこに書かれたことに魅力がなければ受け入れられないと思っています。

（『ブレーン』２０１３年12月号）

カタチから入ろうと思った私は、まずこのスタイルをマネしてきました。広告施策の企画書では、表紙をめくった次のページに、やはり３００文字くらいでしょうか、一枚の紙に収まるようにレイアウトした手紙を書いています。プロジェクト全体を凝縮したこの手紙は、まずはかかわる人たち全員の心をひとつにするもの。そしてそのまま、広告のコピーにもなる文章です。１００枚の企画書より、たった1枚のステートメント。「純度の高いペライチ」はときとして分厚い束に勝つのです。岩崎さんが言うように、それが「正直さ」に貫かれた「肉声」であれば。

飾り立てた言葉より、素朴で実直な言葉のほうが、強い。いっせいにみんなが使い出す流行のマーケティング用語より、実感のこもったひと言ひと言のほうが、響く。そうつくづく考えさせられる出来事がありました。私は『FILT』というフリーペーパーで、毎回メインテーマとなるコピーを制作しています。テーマに沿って取材対象者を3人ピックアップするのですが、「言葉がきれいな人になる」というテーマの回で、編集スタッフに「岡本さんも出てみたら?」と言われ、何となく受けてしまったのです。表紙にも登場いただくメインにはとある女優さん。もうひとりが、日本語教育の第一人者、金田一秀穂さん。そして最後に私、という並び。

SNSのラフすぎる言葉遣いや匿名のあまりにも無神経な書き込みに、日頃から違和感を抱いている私が、取材で語ったことは、言葉はときに暴力にもなりかねない危険物なのだから、もっと慎重に、臆病に、「恐る恐る送ったほうがいい」ということ。そして、どうせ送るんだったら、相手のことをきちんと考えて「言葉を贈る」という意識が何より大切ではないかという、主に時代に対する異議申し立てでした。

後日、自分の原稿とともに、金田一さんの原稿が送られてきました。その中で金田一さんが語られていたのは、「言葉は間違ってもいい」でした。美しい言葉とは何ですか。インタビュアーの問いに、金田一さんは、穏やかにこう答えています。

女性がぬいぐるみに「ただいま」と話しかけたりしますよね。あれ、美しいと思います。生まれたばかりの赤ちゃんに、一生懸命お母さんが話しかけるのと同じです。言葉なんてまだわからないのに。だから赤ちゃんはたった1、2年で言葉が話せるようになるのでしょう。まさに心からの言葉だから。心からの発話というのは美しい。なんだっていいんですよ。正直に言う言葉は美しい。（『FILT』79号 FEB―MAR 2016）

あまりの本質。ハッとして、そのあとすぐに、自分が情けなくなりました。私が探し求めていたものはまさにこれなのに、どうしてそれに気付かずに偉そうなことを訳知り顔で語ってしまったんだろう。このとき以上に恥ずかしさと敗北感を同時に味わったことはありません。

自分の大事にしているものに話しかける、心からわきでる言葉こそ、胸を打つ。そして、正直は、美しい。とてつもなく奥深いことを、力むことなくさらりと語られている。魂のレイヤーがそもそも違うと思ったものです。

金田一さんのこの考えに触れてから、「心からの言葉」をつねに意識するようになりました。いったん書いてみて、それが「本心」かどうか、「正直」かどうかを、頭の中でチェックするようになりました。いまでは、私がいちばんよく使う物差しです。みなさんも、自分の書いたものがしっくりこないとき、自分に問いただしてみてください。往々にして人は、自分の心を通過すらしていない言葉を、あっさりと使ってしまうことがよくありますから。

ステートメントは、夢を牽引する

ユニクロでは、製品を自社で企画開発し、自社で生産管理し、自社で流通から販売までを行っています。私たちは、このシステムに改良を重ね、よりシンプルにして様々なコストをおさえることで、市場最低価格をめざしています。そしてその過程で品質を犠牲にすることは、絶対にありません。私たちは、あらゆる人が着ることができる「カジュアル」を信じています。「カジュアル」は、年齢も性別も選びません。国籍や職業や学歴など、人間を区別してきたあらゆるものを超える、みんなの服です。服はシンプルでいい。スタイルは、着る人自身がもっていればいいと思うのです。ユニクロは、現在全国に３６８店。いつ来ても欲しいものがある「コンビニエンス」をめざしています。お近くの店はフリーダイヤル０１２０－０９－０２９６でお問い合わせ下さい。私たちはこの７月、年間総売上高１０００億円を達成しました。山口県山口市大字佐山から、世界一のカジュアルウェア企業になるという夢をもっています。きっと、なります。

06

ステートメントという言葉を辞書で引くと、約束、声明、宣言といった説明が出てきます。企業のホームページをよく見てください。企業ステートメントの項目が控えめに存在していて、その会社が全体として約束することや、壮大なビジョンやミッションが記されています。株主などに配られるアニュアルレポートにも社長や会長の言葉としてステートメントが冒頭に掲載されています。大抵は、人と地球のため、リスティナブル社会に貢献するため、グローバルな領域で一丸となってがんばります、みたいなことが申し合わせたように記してあって、その驚くほどの単一性にがっかりします。ひとつだけ、架空の「ありがち企業ステートメント」をここに挙げてみます。

広く社会に貢献するという理念のもと、
多様な事業を展開してきた私たち。
安全、環境、品質のための絶え間ない技術革新と、
社員一人一人の情熱で、
豊かな暮らしと輝く未来を創造します。
失敗を恐れずに、チャレンジを続けていくこと。
世界中の人々に感動の輪を広げていくこと。
創業の理念をグループ全体で共有し、
実践していくことで、株主、顧客、地域社会を
はじめとするステークホルダーの価値創造と、
企業価値の向上をめざします。

①漢字が多い。
②ワンセンテンスが長い。
③できない約束をする。
④オリジナリティがない。
⑤ぜんぶ言う。

およそこの5つがありがちステートメントの特徴です。ここに掲げたすべてを「社員一人一人が情熱的にチャレンジ」し、実現することができたら誰も苦労はしませんし、さぞかし全ステークホルダーも満足することでしょう。

つまり、ありがちステートメントは基本的には、できない約束をする、オーバープロミスにとりわけ特徴があります。悲しいことに大多数の企業人は、ファンシーな大言壮語を語るのがステートメントの役割だと勘違いしている節もあります。

他にも、ブランディングの作業においては「ミッション・ビジョン・コアバリュー」と振り分けてステートメントを制定する場合もありますが、考えを整理するのであればその3つではなく、「できること」と「やりたいこと」の2つに振り分けて、シンプルに考えるのがよいと思います。「できること」は、ユーザーや社会に、いま約束できること。これまでも変わらない使命。「やりたいこと」は、いまはできないけど、これから絶対叶えたい夢、理想、未来などです。

できることはできることとして語り、夢は夢として語る。その整理さえきちんと付いていれば、闇雲なオーバープロミスに陥ることもありませんし、夢は夢として堂々と語ることができます。要するに、誤解さえ与えなければ「できないこと」を語ってもいいわけです。むしろ、できることだけにとどまらず、その外側をめざすのは何よりも大切なこと。

外側をめざすからこそ、内向きな思考から逃れられるのです。


それにしても、前述のようなテンプレート型ステートメントを掲げる企業は、もしかしたら数千かそれ以上の単位で存在するのではないでしょうか。こういった「既製服のステートメント」は、大抵企業の身の丈に合っていません。つい大きめのサイズを選んでしまうので、語られる夢や希望がブカブカなのです。

言葉を紡いでいく際の安易な選択。これはもうステートメントにおける病です。それにしてもどうしてこうなってしまうのでしょう。そこには、強大なクリシェの力が横たわっています。クリシェとは紋切り型のこと。その紋切り型はステートメント策定の際、強い磁力を発揮して、そこから逃れることは容易ではありません。多くの企業と、そこに携わる広告人やブランディング会社の人々はこの現実をもっと重く受け止めるべきだと思うのですが、それはまた後述します。

先に挙げたユニクロのステートメントに戻りましょう。典型的ありがちステートメントとは比べるまでもなく、全体に血が通っていることがおわかりいただけると思います。そして何よりも驚くのは、２０００年のこの新聞広告のステートメントが、２０２０年というかなり未来のユニクロを予見していることです。

「山口県山口市大字佐山から、世界一のカジュアルウェア企業になるという夢をもっています。きっと、なります。」という静かな決意で締めくくられたこのステートメントは、企業トップの夢をほぼトレースするかたちで語っているわけですが、同時に現場で働くすべての社員の胸を熱くしたのではないでしょうか。社内においてもそのことはつねづね語られてきたのだと思いますが、それが広告という回路を通して語られたとき、世の中も社員もユニクロと協業している関係者の人たちも等しくその「ただごとではない本気」を感じ取ったに違いありません。

カジュアルは、ただの安い服ではない、人間を区別するすべてのものを超えた、みんなの服である、という考え方。そのやさしさの大きさ、そしてどこまでもオープンで前向きな思考は、どんな業種であっても、大いに参考になります。いや、もしかしたら、仕事を超えて、人間としての生き方の参考にもなる。

私はふだん、コンセプトを考えるにあたっては、広げられる風呂敷は、めいっぱい広げたいと思っています。もっと大きな概念はないかな?と口にして、スタッフにもその心掛けを共有します。ユニクロのその後の海外進出もふくめた躍進の原動力として、そして世界一がもう目の前にまで迫っているいま、このステートメントが果たしてきた役割を思うと、何だか高ぶるものを感じます。この文章が、20年後の未来を決める、大きな力のひとつとして、きっと大いに作用したのですから。

そして最後の「きっと、なります。」この7文字に込められたもの。いちばん伝えたい気持ちの部分。それを最後の最後に持ってきて、余韻が残るように設計している。その書き手の狙いは見事なほど成功しています。この確かな腕の持ち主は、佐藤澄子さん。このステートメントは、企業が発信する文章の、言わばお手本中のお手本です。

そして、歴史的といえば、もうひとつ。今度は広告のステートメントではなく、政治の世界におけるステートメント、演説をご紹介します。「私には夢がある。」というフレーズを聞いたことがある人は多いと思います。1963年ワシントンD.C.におけるキング牧師の演説です。アメリカ人の、ひいては世界中の人々の心を揺さぶったこの全身全霊のステートメントは、半世紀のときを優に超え、現代人にも大きな影響を及ぼしています。とりわけほぼすべてのコピーライターは、意識するしないにかかわらず、このステートメントの直接の影響下にあります。では、演説の中盤を見てみましょう。

われわれは、黒人が警察の言語に絶する恐ろしい残虐行為の犠牲者である限りは、決して満足することはできない。われわれは、旅に疲れた重い体を、道路沿いのモーテルや町のホテルで休めることを許されない限り、決して満足することはできない。われわれは、黒人の基本的な移動の範囲が、小さなゲットーから大きなゲットーまでである限り、満足することはできない。

われわれは、われわれの子どもたちが、「白人専用」という標識によって、人格をはぎとられ尊厳を奪われている限り、決して満足することはできない。ミシシッピ州の黒人が投票できず、ニューヨーク州の黒人が投票に値する対象ではないと考えている限り、われわれは決して満足することはできない。そうだ、決して、われわれは満足することはできないのだ。そして、正義が河水のように流れ下り、公正が力強い急流となって流れ落ちるまで、われわれは決して満足することはないだろう。

07

キング牧師が夢を語るのは、じつはこの後なのです。決して満足しない。決して見過ごすことはできない現実をしっかりとつまびらかにし、これ以上ないくらいはっきりと異を唱えた上で、ようやく夢は語られるのです。この流れに大きな意味があり、この流れこそが、説得力の源泉であると私は考えます。

絶望の谷間でもがくことをやめよう。友よ、今日私は皆さんに言っておきたい。われわれは今日も明日も困難に直面するが、それでも私には夢がある。それは、アメリカの夢に深く根ざした夢である。

私には夢がある。それは、いつの日か、この国が立ち上がり、「すべての人間は平等に作られているということは、自明の真実であると考える」というこの国の信条を、真の意味で実現させるという夢である。

私には夢がある。それは、いつの日か、ジョージア州の赤土の丘で、かつての奴隷の息子たちとかつての奴隷所有者の息子たちが、兄弟として同じテーブルにつくという夢である。

私には夢がある。それは、いつの日か、不正と抑圧の炎熱で焼けつかんばかりのミシシッピ州でさえ、自由と正義のオアシスに変身するという夢である。

私には夢がある。それは、いつの日か、私の4人の幼い子どもたちが、肌の色によってではなく、人格そのものによって評価される国に住むという夢である。

今日、私には夢がある。

私には夢がある。それは、いつの日か、あらゆる谷が高められ、あらゆる丘と山は低められ、でこぼこした所は平らにならされ、曲がった道がまっすぐにされ、そして神の栄光が啓示され、生きとし生けるものがその栄光を共に見ることになるという夢である。

（AMERICAN CENTER JAPAN 公式サイトより）

08

「私には夢がある。」を繰り返したあと「今日、私には夢がある。」というフレーズへと変化します。この時点では意図的に「今日」という言葉に重心をひとつ移していきます。どんどん引き寄せていく。今日こそが夢を実現させる「当日」なんだと何度も何度も伝えたあとに、「レット フリーダム リング！」（自由の鐘を鳴り響かせよう！）というクライマックスのアジテーションへと移ります。そしてそのフレーズを繰り返しながらこの演説は終わるのです。

私たちは満足することはできない。私には夢がある。自由の鐘を鳴り響かせよう。この三部構成が当演説の全体像です。

この構成から「私たちは満足することはできない」のくだりを抜いたらどうなるでしょう。言うまでもなく、これほど強く、これほど長く、人々の心には残らなかったでしょう。言葉も、写真や映像と同じだと思うことがよくあるのですが、強い陰影があってはじめて人は光を感じられるのです。怒りを秘めたマグマの上で、夢は燦然と輝くのです。


先ほど「言葉は暴力にもなり得る」と書きましたが、非暴力を貫いたキング牧師は、言葉を磨けば磨くほど、それが強力な武器になることを、経験上誰よりも知っていたのではないでしょうか。

差別という暴力に、言葉という武器で、立ち向かうことは可能である。その自信と手応えがこのステートメントにはみなぎっています。もちろん、テクニカルな側面だけでこの演説を語ることほど的外れで馬鹿げたことはありません。小手先だけでは、この演説は、一行たりとも紡がれ得ない。ただし一方で、パッションだけでもこの演説は決して生まれ得なかった。それだけは断言できます。

大勢の人に対して決定的に思いを届けたいとき、われわれは情熱と技巧を、どこまでも比例させるべきなのです。

ボディは、添え物ではなく、本体

この本ではおおよそステートメントという言葉で統一していますが、かつてはほとんどの場合、ボディコピーと呼ばれていました。それがときの流れとともに、だんだんとステートメントと呼ばれることが近年ふえてきました。いまでは企業に関することは、ステートメント。商品広告のキャッチに付随する文章は、ボディコピー。あくまでも傾向ですが、そう呼び分けるのが一般化してきていると思います。商品広告の中で、大きな級数のキャッチコピーを受けるかたちで入っている、小さめの級数の、少し長めの文章がボディです。

ボディ。これを辞書で引くと、本体、主要部、本文といった意味があることがわかります。付帯物、付属物ではなくあくまでも本体。つまり、本来の意味であれば広告の本文がボディコピーです。とはいうものの、その生い立ちを振り返ると、いろいろなことが見えてきます。若い人はもはや想像できないかもしれませんが、新聞広告がマス広告の中心的な役割を果たしていた時代がありました。あったというより、マス広告の基本的な枠組みをつくったのは新聞で、その主役の座をテレビに譲るまで、ずっと広告の中心は新聞でした。

ただ、その昔、デザインの世界にはグレースペースという言葉がありました。要するにボディコピーのかたまりが薄目で見ればグレーに見える、という失礼な話なのですが、その言葉からわかるのは、ボディコピーがさして重要視されていない時代があったのではないか、ということ。コピーよりデザインの立場が強かった時期があったのかもしれないということ。私が駆け出しの頃でも、その言葉を口にするデザイナーさんはたくさんいて、複雑な気持ちになったのを覚えています。でもそれは、20世紀の終わり頃、コピーライターになった私の周りの、局所的な出来事でしかないのかもしれません。勝手な思い込みである可能性もありますが、あまり他では語られていないのでここに記しておくことにします。

新聞広告が栄華を誇り、それほどの脚光を浴びていたときですらそんな言い方をされていたのであれば、ボディコピーが重要視された時代なんて一度もなかったんじゃない？そう思われるかもしれませんが、それはまったく違います。私たち以降の世代がよく知らないだけです。とても注目されていたばかりか、時代を動かすことも数多くあったはずです。

新聞広告が華やかだった時代は、よく見ると（よく見るまでもなく）ボディコピーの全盛時代。数え切れないくらいの名作傑作話題作が次々と量産された時代だったのです。それを並べただけで優に一冊の分厚い本ができます。

「こんにちは土曜日くん。」「なぜ年齢をきくの」「太るのもいいかなぁ、夏は。」など、伊勢丹のコピーで新しいライフスタイルを提案し、「君のひとみは10000ボルト」や「A面で恋をして」などの資生堂のコピーはそのままCMソングとなって時代のヒットを生み出した土屋耕一さん。

アートディレクターでありながら、「ケンとメリーのスカイライン」や「ウエストサイズ物語」など数々の名作コピーも手掛けられた向秀男さん。

「さようなら、人類。」という深淵なるコピーをつくったことは有名ですが「ド・レ・ミはイ・ロ・ハと同じです」「昭和51年1月20日　私たちが　おあずかりした荷物は　たったの2個でした。」など、新聞広告で企業のイメージをつくりつづけた朝倉勇さん。

「野菜をもっと食べましょう。」「愛は食卓にある。」などキユーピーマヨネーズの数々のコピーや大塚製薬ポカリスエット、キヤノンの広告など数知れないほどの名作コピーを世に送り出してきた秋山晶さん。

「なにも足さない。なにも引かない。」「山崎待ち待ち。」「時間は、液体である。」などサントリーウイスキーの仕事、「触ってごらん、ウールだよ。」（国際羊毛事務局）「北海道の人は、東京へ来るとなぜすぐ風邪をひくんだろう。」（硝子繊維協会）など私がもっともお手本としてきた西村佳也さんなど（すみません、キリがないのでこの辺で）。

長きにわたって活躍されてきたコピーライターの先人が、さまざまな新聞紙面において、ときに端正な、ときに大胆な、ときに遊び心にあふれるボディコピーやステートメントを世に送り出しました。そして物議を醸したり、新しい生活を提案したり、さまざまな影響を世にもたらしたのです。

あの頃はキャッチコピーだけで終わる新聞広告のほうがむしろ少なかったイメージがあります。「男は黙ってサッポロビール」はボディコピーが一切ありませんが、そのほうが珍しかったのであり、当時例外的にシンプルだったのではないでしょうか。

キャッチで目を留めてもらったら、ボディコピーまできちんと読ませる。そのための工夫を怠ることなく、多くのコピーライターが、きっと何度も書き直したに違いありません。デザイナーのみなさんも、写植の時代ですから、一文字一文字の文字詰めを、切り貼りしながら手作業でやっていました。大変だったと思いますが、いま見るとその両者のエネルギーがオーラとなって紙面にほとばしっていることがわかります。

まだ若手の頃の仲畑貴志さんが、ボディコピーの書き直しを上司から何度も命じられたのは有名な話です。仲畑さんですらそうなのです。いや、もっと正確に言えば、私たちが知っている仲畑さんは、ボディコピーを書き直す苦難の日々を経てようやく、仲畑さんになったのではないでしょうか。

いずれにせよ当時は、コピーライター全員の意識がいまよりも高かったのだと思います。社会的な認知すらなされていなかったコピーライターという職業を確立し、さらにそれをコピーライターブームにまで持っていった人たちが、ボディコピーという困難と正面から向き合ったこと。そこで言葉を磨いてきたことは、つい忘れられがちですが、とても大切なことであり、先人たちにとっても人生上の重要な経験だったと思います。その訓練が下地となり、馬力となったからこそ、その後時代を動かすような言葉の数々を、生み出せたのだと私は信じています。

頑強な人間、剛健な人間をイメージすると、人間にやさしい商品は生まれにくい。人間は弱い。人間は不器用だ。人間は疲れている。と、仮定して、ＴＯＴＯの商品づくりは出発します。
弱いから、思いやりがいる。不器用だから、心づかいがいる。疲れているから、いたわりがいる。そんな想いで商品を作る、ハイ・タッチの発想が先にあって、
それを実現するためにハイ・テックも活用する。
ＴＯＴＯは、いつも「人間たいせつ」から始まるのです。

人は誰にでも理想があります。
理想の職業、理想の恋人、理想の生活、
理想の車、理想の食卓、理想のファッション、

理想の人生、理想の住宅、理想の音楽、
理想の結婚、理想のヘアスタイル、理想の学校、
理想の一生……と、ああ、キリがない。
理想にはいろいろあるけれど、理想のレベルも
さまざまです。あまり大仕掛けなために
夢見るだけで終ったり、あまり無理なプランを
立てて息切れするのは「理想の理想」。
それより、やれば出来る。努力すれば手に触れる。そんな、
日常に根ざした理想をしっかり実現するほうがいい。
たとえば、あるホテルでは、客室から出たゴミを、
それぞれルームナンバー付の袋に入れて
数日の間保管するという。これ、いいでしょ。
こんなのが「普通の理想」です。これから一年、
岩田屋が実行するさまざまな「普通の理想」を
お知らせしながら、よりよいサービスを
考えて行きたい、今年からの岩田屋グループです。

10

どちらも仲畑さんのステートメント。前者はＴＯＴＯ新聞十五段企業広告『「人間は、全員疲れているのだ」と仮定する。』というキャッチコピーに続く文章です。後者は九州の百貨店である岩田屋の企業広告「普通の理想」に続く文章です。

ムダがありません。余計な言葉は注意深く捨て去り「必要だけ」で構築している。男性的でとてもマッチョなステートメントに見えますが、その根底にはいつもやさしさがある。繊細さも垣間見えている。

仲畑さんのステートメントは、仲畑さんという人物にそっくりです。

やさしいけれど、あからさまではないのです。コピーには人が出るとよく言いますが、それは恐ろしいほど本当のことです。そもそも言葉ほど嘘をつくものもありませんが、その嘘もふくめて、きっと自分の分身なのです。嘘の誘惑に負けた人は、それを隠そうとすればするほど、弱さと狡さが文中に滲んでしまうということです。

自分を書こうが、他人を書こうが、どっちにしても結果的には自分が出てきてしまう。

心根が、勝手に晒されるというんでしょうか。隠そうとしても、格好をつけようとしても、向こうが透けて見えてしまう。文章の世界には逃げ場などないのだと、最近つくづく感じるようになりました。

その話はいったん置いておくとして、ＴＯＴＯも岩田屋もこのボディコピーなくしてこの広告は成立しない、ということは、感覚的にもご理解いただけたかと思います。

キャッチコピーのポテンシャルが、ボディコピーによって存分に引き出されている。その機能性もさることながら、誰もが気持ちよく読める、そして気持ちよく納得できる、この気持ちよさの部分。するすると合点がいったときの、快楽に近い感情を増幅するのが、すぐれたボディコピーの、重要な役割なのです。

それほど重要なはずのボディコピーも時代の趨勢には勝てません。広告にボディコピーが当たり前のように存在していた状況は、映像・デジタルメディアの隆盛とともに崩れていきました。紙メディアが衰退し、「ボディコピーなんて誰も読まないよね」という意見と風潮が一気に時代の声になりました。

この十年くらいでしょうか。ボディコピーを書かないまま30代になった。そんなコピーライターによく出会います。これでいいのだろうかと本人たちも、漠然とした不安を抱えているようです。

書く機会が減ってしまったのは仕方のないことですが、機会を与えられた人間までもそれを避けてきた。その手間を惜しんでいるうちに、いつの間にか時間ばかりが過ぎてしまっていまに至る、というのが実情ではないでしょうか。特にその傾向が顕著になったのは、今世紀に入ってからです。コピーの世界では『コピー年鑑』という分厚い本が毎年発行されるのですが、明らかに見るべきものが世紀の変わり目とともに減っていきます。

それでは、コピーライターはもう、ボディコピーを書かなくていいのでしょうか。私はむしろ、ボディコピーが書けないコピーライターが増えているいまこそ、ボディコピーやステートメントに果敢にチャレンジすべきだと考えています。それをやらないとコピーライターは生き残れないだろうという危機感すら抱いています。

いまやコピーライターでなくても文章を書くことに慣れた人間や長けた人間は大勢います。いまほど多くの人が日常的に文章を量産している時代はないとも言えます。そこそこでよければ、キャッチコピーだってみんな書けてしまうし、なんならＡＩだってキャッチコピーをバンバンつくる時代です。ネーミングなどの作業から、ＡＩとの協業がより実践的なものとしてはじまっていくだろうことも容易に想像できます。いわゆるキャッチコピーだけで生涯稼いでいけるような人は、大手広告会社に所属する、ほんの一握りの人だけになるでしょう。

そういった変化とか、コピーライター業衰退の傾向は依然続いていくと思われますが、いま現在、これまでとは違ったかたちで「ちょっと長めの文章」が見直されはじめています。キャッチコピーだけでは捉えきれない企業の複雑な状況と、そこにかかわる人々のさまざまな思い。それを、ステートメントにしてほしいという依頼や要望が、この十年くらいで明らかに増えてきました。急増と言ってもいいくらいです。

その変化のタイミングは、ボディコピーと呼ばれていたものが、ステートメントと呼ばれはじめた時期と、感覚的には符合します。マニフェストという言葉を使って政権交代に成功した民主党の選挙戦。あれが2009年ですから、それもひとつのきっかけだったように思われます。小泉元首相の「キャッチコピー政権」が長年続いたあとの反動として、反キャッチコピー的なる「語り」が、もしかしたら求められたのかもしれません。

それはさておき。これから存在感を発揮するのは、ステートメントを書くことで、まずは企業や商品の価値をわかりやすくまとめられる人。表現アイデアだけでなく、川上のコンセプトを考えられる人。プロジェクトを俯瞰して、「要はこういうことだよね」の「要は」をまとめ、関係者全員の心をまとめられる人だと思います。

言葉をまとめると、心はまとまりやすくなるのです。

ですからコピーライターをめざす人も、そうでない人も、コピーとステートメントの基礎知識を身に付けておくことは、決して無駄ではありません。企画書をつくるとき、そのタイトルはキャッチーなものであるべきです。さらに心のこもったステートメントが最初のページにまとまっていれば、端的でわかりやすい、とても魅力的な企画書になります。そういう企画書は、会議の時間短縮にも貢献するでしょうし、忙しい上司への上申や報告にだって最適です。上申の際は、つべこべ言わずに結論から入れとよく言われますよね。ステートメントは、そんなときこそ、きっと力を発揮します。結論から入るのは広告コミュニケーションの常道ですから、そこで磨かれてきたノウハウが、社内コミュニケーションにも役に立つわけです。

当たり前の話ですが、企画書を書く人は、その業務もふくめてお給料をもらっています。なのに、書くことも、自分の本業だと考えている人は少ないように感じます。なぜか、そこだけ切り離している。企画開発や広告広報の人でさえ、「オレは書くことが専門じゃないし」なんて顔をしている。確かに専門家ではないかもしれませんが、企画書を書くすべての人は、本業の一環として「書くことのプロ」であるべきです。だからいろんな工夫の一環として、ステートメントを役立ててみてください。

それともうひとつ。私がふだんから大切だなあと思っているのは、仕事でのふつうのメール。これがステキな人は、私の経験に照らして言えば、絶対に仕事ができる人です。長年にわたって、信頼のおける人です。この相関関係に例外はありません。メールは、手紙。当たり前だけど、そのことを忘れずにいたいものです。

ステートメントにまぐれ当たりはありません

食事をする時、人は幸せでいてほしい。
私たちは、心からそう考えています。

ひとりの時も。あわただしく食べる時も。
仕事をたっぷりかかえている時も。
もちろん大好きな人と一緒にいる時も。
だって、食べることは、人が生きてゆくために
いちばん大切なことなのですから。
私たちが、創業以来、お弁当のあたたかさに
こだわってきたのはそのためです。
お米のおいしさにこだわってきたのも、
その土地その土地の新鮮な食材にこだわってきたのも、
そのためなのです。お店でごはんを炊く時、
ふと、こんなにうれしい仕事はないのではないか。
そう思うことがあります。
私たちのやっていることは、ずっと昔から、この日本の
すべての家庭でくり返されてきた風景と同じだからです。
愛する人がいて、その人を想いながら、
その人の目の前でつくり、

それをあたたかいまま差し出す。
毎日をいっしょうけんめい生きている家族の、
そのもっとも基本になる姿が、そのまま、
私たちの仕事の中にある。
そう思えてならないのです。
日本は、これからますます忙しくなります。
少人数家庭も多くなることでしょう。
お弁当が活躍するシーンはどんどんふえると思うのです。
お弁当ががんばれば、日本はもっとあたたかくなる。
私たち「ほっともっと」にご期待ください。

11

思い返せば、岩崎さんは、普遍的なコピーを書くことに、脇目もふらずに人生のエネルギーのすべてを費やしているような人でした。挙げればキリがないのですが、プレナスの企業広告も、そんなコピーのひとつです。プレナスは、お弁当屋さんの「ほっともっと」を運営している会社です。

12 幸福は、ごはんが炊かれる場所にある。

このキャッチコピーに続く文章は、でき立てのお弁当を提供している「ほっともっと」の存在する理由と、あのお店の中で働くスタッフがどんな思いでお弁当をつくっているのか。そのことをていねいに詳述しています。おいしいとか、安いとか、大盛りだとか、商品的な売り文句とはかけ離れた言葉の数々でこのステートメントが構成されていることがおわかりいただけたと思います。

そして、ふだんは誰も気にも留めない、何気ない顔付きをした幸せ。そんな日常の中に隠された、小さな真理を発見すること。それこそが、言葉の力の源泉だということを、このステートメントは如実に教えてくれます。

ちなみにそれは、お金を出して手に入れるのではなく、コピーライターが身のまわりから見繕って仕入れればいいもの。真理というタカラモノはいつも、手を伸ばせばつかめるところに、無数と言っていいくらいころがっています。

コピーは、つくるものではなく、見つけるもの。

岩崎さんは、日頃からそう言っていました。これはコピー制作上の最重要認識と言っても過言ではないでしょう。コピーはもちろんつくるものなのですが「つくろう」という意識でのぞむと、どうしても心が自然体ではいられなくなる。ときには真実をねじ曲げてしまうこともある。あらぬところから素材を持ってきて無理やり型にはめようとしてしまったり、下手すれば捏造に至ることもある。大して思ってもなかったことを、さも自分が心底大事にしていたかのように錯覚してしまうのが人間であり、それで決着したと思い込もうとするのが人間のある種の弱さです。

「過去は変えられない」という物言いや考え方がありますが、過去ほど都合よく変えられてきたものはありません。歴史修正主義の誘惑は、いつだって私たちの中にあるのです。過去は固定されておらず、記述ひとつで容易に変動してしまい、それが一定の本当らしさを纏うので、誘惑に抗うには相当な抵抗力が必要となります。

「つくろう」とする意識。それは言葉を変えれば「力み」だと私は考えています。心が力めば、動作が鈍くなったり、ぎこちなくなったりするのは、肉体と同じです。パフォーマンスが著しく低下するのは言うまでもありません。これはもしかしたら『燃えよドラゴン』冒頭のブルース・リーのセリフ「考えるな。感じろ。」と、そのあとに来る「月をさす指に気を取られるな。」に少なからず通ずるものがあるのではないでしょうか。思えばあれもブルース・リーが弟子に対して諭した言葉です。岩崎さんは「つくるな。見つけろ。」そして「言葉や意識に囚われすぎるな。」「あるものをあるがままに感じとる力を身に付けなさい。」と言っている気がします。あまり感覚的な話はしたくないのですが、「つくらない」で「見つける」とはまさにそういうことだと思っています。

コピーは見つければいい。ということは「答えはもうすでにどこかに存在する」ということです。そしてそれは、ことのほか、近くにあるものです。

幸せはいつもそばにある、なんてことをよく言いますよね。真理も同じ。いろんな国を探してもどこにもなくて、帰ってきたら見つかった青い鳥です。ただ、自分が作業中たびたび実感することをより正確に言いますと、「そばにある」のではないのです。

そばにあると思って探した場所の「さらにそばにある」のです。

経験上そばにあるのはわかっているから、当たりをつけてさんざん近場を掘り返すのですが、見つかるのはいつもその、さらなる内側。自分側。ほぼ真下のような場所に正解がころがっていることもざらにあります。

そんなに近くにあるのなら即座に見つかりそうなものですが、人は自分の手の届く範囲のものや一度手に入れてしまったものを、改めて認識するのがきっと不得手なのだと思います。人間の感覚はどうやらいつも、遠視的です。すぐに遠くを見ようとするし、つい人を見てしまう。自分から目を逸らしがちなのは、みなさんも思い当たる節があるのではないでしょうか？

一時の流行を追いかけるのではなく、競合他社との違いをことさら押し立てるのでもなく、自分のそばにある真実を、そっとしゃがんで両手で掬う。そのとき、力は抜けている。見つけたままをくずさないよう皿に盛る。これはあくまでもイメージの話ですが、岩崎さんのそんな姿を私はずっと見てきました。

「ひとつの場所をずっと掘りつづけた人。」岩崎さんのことをそう評したのは秋山晶さんですが、考えれば考えるほどその通りだと思います。コピーをつくるのではなく見つけるためには、埃を払ったり、ときには足元の地面を掘り込む必要があります。自分の心に堆積していいる記憶や感情をひたすら発掘し、真理や真実を発見する。その発掘と発見のスタイルを生涯変えなかったのが岩崎さんだったのだと思います。ひとつの場所しか掘らなかったというと、字面的にはひとつ覚えのように聞こえますが、そんなことはありません。岩崎さんが掘り続けた「ひとつの場所」とは、涯のない空にも匹敵するような「心の中」だったのですから。

コピーライターは、何屋さんかでいうと、真理屋さんです。商品や企業にまつわる真実を、鮮やかに提示する。その専門家です。それをステートメントやボディコピーでていねいに描き込むことで、その真理や真実の輪郭をはっきりさせる。手触りのあるものにする。血の通うものにして体温を発生させる。それさえ読めば、誰もがことを理解して、自然と心を寄せたくなるものにする。その「丹念な手際」こそ、コピーライティングがこの世に存在する何よりの価値ではないでしょうか。

それをつくれるようになるには、とにかく時間がかかります。私が勝手に言っていることですが、キャッチ3年、ボディ10年。キャッチコピーのほうがセンスが問われ難しいことのように思われるかもしれませんが、真相はまったく違います。真逆なのです。

キャッチはまぐれ当たりもふくめて比較的早期に手応えのあるものがぽつぽつとつくれ

るようになりますが、ステートメント・ボディコピーはそうはいかない。まぐれ当たりがいっさいないと言っていい。だから、キャッチに比べて、断然時間がかかるのです。

ステートメントやボディコピーは、なぜか書けない。

実際に書いてみるとわかるのですが、ステートメントは不思議なくらいつっかえる。まとまらない。書いたとしても様にならないものなのです。ブログやツイッターなどと違って、自分の日常や言いたいことを書いて済むわけではない、というのがまずあります。それと、私たちはふだんから著名人やアーティストの名前、企業名や商品名など固有名詞をなんの気なしにふんだんに盛り込みながら文章を書いていますが、それもまたできない。「固有名詞の力」を気軽に借りられないのは大きいと思います。

私たちの思考がいかに「他人の持ちもの」で固められているかが、ステートメントやボディコピーと向き合うと如実にわかるわけです。さらには、倫理や道徳に厳密に照らし合わせてチェックしますから、広告上で使える単語は想像以上に少なくなります。そういった数々の制約の内側で、読む人をうなずかせたり、微笑ませたり、ときには震えさせなければならない。もともと知識もなく興味関心もない主題であっても、一気に当事者となり、当事者以上の見解や見識を示さなければならないのです。

だから難しいに決まっています。もっと言えば、そもそものベースの話になりますが、膨大な情報を取捨選択してまとめきるには、一定の常識が必要です。業界の動向や最新のニュースなどビジネスに関する知識もゼロでは話になりません。そしてそれらを見渡して全体像をざっくりとでも把握する力が根本的には必要となります。「大人の俯瞰力」とでも言いましょうか。例えばチームスポーツで、フィールドを俯瞰できる人はつねにキープレイヤーですが、そんな能力が一朝一夕で身に付くわけがありません。それと同じだと思います。

自信を失っている企業を、奮い立たせる

文房具と一緒にいる時、ひとはとてもいい顔をしている。
つくづく、そう思うことがあります。

書く。ひたすら書く。机に向かうその清潔なまなざし。
手を休める。思いをめぐらす。
遠くを見つめるそのやわらかなまなざし。
考えている。苦しんでいる。迷っている。もがいている。
でも、まちがいなく前へ進もうとしている。
思えば、文房具は、人間のそんな素顔を、
なんと長い時間見つめてきたことでしょうか。
幸福な仕事。自分たちの仕事を思う時、
私たちトンボは決まってこの言葉に
行きあたります。なぜなら、私たちのそばには、
いつも頭と心をいっしょうけんめいに
使う人がいて、その人の手から、
必ずひとつ、この世になかった新しい何かが、
生み出されている。そう思うたび、
誇らしさに胸がいっぱいになります。
傷つきやすく、たくましい。弱くて、

かしこくて、とほうもなくあたたかい。そんな人間が、
いちばん人間らしくあろうとする時に必要なもの。
トンボは、これから先も、
ずっと人間のそばで暮らしたいと願っています。
株式会社トンボ鉛筆

トンボが動いている。人が、何かを生み出している。

13

逆境に立たされている会社を応援する。思えば、そういう仕事がいままでとても多かった気がします。自ら選んできたわけでもないのですが。でも、逆境に立たされている会社とは、どういう状況を指すのでしょう。売り上げが落ちているとか、評判が良くないとか、叩かれているとか。あるいは、叩かれることもなく存在を忘れられつつあるとか（じつはこれがいちばん辛いかもしれません）。いずれにしても広告をするには、そういった向かい風の企業が、どのようなメッセージを発信すれば、世の中に受け入れてもらえるのか、慎重に設計していくことになるでしょう。冒頭のステートメントは、トンボ鉛筆の新聞広告のもの。

「ロケットも、文房具から生まれた。」

というキャッチに続くステートメントです。この仕事はまさに、文房具メーカーという、逆風の中に立つクライアントからの依頼です。鉛筆や消しゴムというアナログな商品が、どうやっていまというデジタル社会で存在感を示すのか、そもそもそんなことできるのか、といった大きな課題を抱えた仕事でしたが、やはりと言いますか、それゆえにと言いますか、大きなやりがいを最初っから感じていました。何といっても、われわれはコピーライターです。ずっと鉛筆にはお世話になってきた職業ですから、感謝の言葉しかありません。もっというと、岩崎俊一事務所は数少ない完全鉛筆派の事務所でしたから、なんとしてでも応援せねば、という強い気持ちがふつふつと湧いてきた仕事でもありました。そして、鉛筆を応援することは、ぐるっと回って、自分たちを応援することにもなるはずだ。そしてそれは、発想のヒントにもなるに違いない。そんな予感からスタートしたことを覚えています。

社内や工場を見学させてもらったり、社員の方から話を伺ったり、特に開発の方からはさらに詳しく話を聞かせていただいたり。そのときに私が感じたことは、この方たちに自信を持っていただきたい、ということでした。

いいものをつくり続けていること、それが長年支持され続けていること。日本に特徴的な長寿で優良な企業は、それだけで奇跡のような存在です。ですからなんとしてでも会社の内部の人たちに、自分たちの価値をもっと理解してほしい、そのためには「胸を張った広告」をつくるべきだと思ったのです。

近頃では企業の存在価値を定義することを、「パーパス・ブランディング」と言います。パーパスは「存在価値」と訳されることが多いようですが、私なりに訳すなら「生まれてきた理由」です。企業、商品、サービスが、なぜ、いまここに、生を受けたのか。組織であっても物品であっても制度であっても、それらをあたかも、生き物を見つめるかのように見つめること。その眼差しこそが、パーパス・ブランディングの要諦であると思っています。

マーケティングやブランディングの流行にはあまり触らないようにしていますが、株主偏重への反省からはじまり、社員も顧客も顧客じゃない人も、等しく扱おうとするこの考え方には素直に賛同できます。だから、呼び方はそのうち変わるかもしれませんが、この考え方そのものは、欧米以外にも広く共有され、浸透していけばいいなと思っています。

会社の内部の人を「インナー」と言います。広告は文字通り、広く告げるのが役割ですが、世の中という外部に向かって発信したものは必ず何かしらの形ではね返ってきます。SNSの評判とか、取引先がその広告の話をしてくれたとか、そして何より家族からほめられたとか（もちろん広告は声なき声も大切なのですが）。

そういう小さいけれど確かな、直接の反響を積み重ねていくことで、内部の人は「自分たちで気づけなかった自分たちの価値」を改めて知り、その会社で働くことの自信や誇りを手に入れていく。そういう幸せな連鎖をイメージしながらつくるのが、インナー広告、インターナル広告と呼ばれるものです。それは、ときとして、部署間や世代間や派閥間など、とかくバラバラになりがちな社員の心を、ひとつにまとめる役割も果たします。

内側に届けたいなら、いったん、外側にメッセージしたほうがいい。

インナーブランディングを、インナーで閉じるのではなく、むしろ外部へと開いていくこと。世の中に公表し、反射させることで、意識を照らすこと。外からの返しのほうが、結果的には隅々に至るまで照射することができるわけです。例えば日産自動車が1995年に行った「変わらなきゃ。」あれは、インナーがすべてではありませんが、内部の活性化にかなりの比重があるキャンペーンとして、その開き直りのような「バカぢから」がとても印象的なキャンペーンでした。

ただ、私たちの場合は、コミュニケーションの反射や連鎖を計算したというよりも、ただただがんばってほしい、胸を張ってほしい、そんなことを制作のモチベーションとしてつくったもの、と言ったほうが正確かもしれません。

広告をつくることを、時折カッコを付けて、コミュニケーションを設計するなんて言います。私もけっこう使います。広告は細部をつくり込むこともやるし、全体の構造を考えることもやるわけですから、設計という言葉は意外としっくりと来るのですが、本当はそれほどスタイリッシュでかっこいいことをしているわけでもない。やっているのは、会った人を思い出すこと。あの人たちは、ふだんどんな会話をしているんだろう。家族には、仕事のことをどうやって説明しているんだろう。今度、飲みに行きたいな。なんてことを考えながら、インナーの人たちの感情を、断片的ではありますが追体験することです。これはメソッドではありません。せいぜい心掛けレベルのものですが、意外と大切ではないかと内心思っています。

私の場合、いちばん長く担当しているクライアントに、日本たばこ産業（ＪＴ）があります。たばこの置かれた状況が激変するこの20年の間に、社員のみなさんからは本当にたくさんの話を聞かせてもらいました。私からもたくさんの話をしました。

その中で得たもののひとつが、近しい人にどうやって仕事を説明するか。その大切さを知ったことです。そのための役に立てたとは思いませんが、インナーと言ったとき、ＪＴのみなさんとの長年の深いかかわりが、私の発想のベースになっていることは、絶対に間違いありません。

ステートメントは、インナーにも届く

あれは私がまだ岩崎さんの事務所に入ったばかりの頃。お茶出しとコピー機でコピーを取ることに全力で取り組んでいたバリバリの新人の頃のこと。ですから、いまから20年以

上前の記憶なんですが、とても印象に残っていることがあります。

岩崎さんの事務所には、日々いろんな人がやってきては仕事の話をするわけですが、私は少し離れたところにデスクがあってそこでの会話をいつも筆記していました。そんなある時期、不思議に思ったことがあります。


事務所を訪ねてくる人は、もちろん広告会社の人がほとんどですが、フリーランスの事務所ですからいろいろな会社の人が来るわけです。ところが、あるときから、その人たちが「インナーの人たちは、どう受け止めるんでしょうか」とか、「今回は、インナーの人たちを意識したいんです」とか、頻繁に「インナー」というワードを使い出したのです。

最初のうちはあれ?って思う程度だったんですが、それをあまりに多くの人が集中的に言い出したものだから、これは何かあるぞと思ったわけです。それが20世紀の終わりです。いまにして思えばそれは、バブルが崩壊し、経済が停滞し、この国の多くの企業が雇用形態を変えはじめたタイミングと符合するのですが、このときの私はそのことをあまりわかっていませんでした。

日本が育んできた年功序列や終身雇用が古いものと見做され、欧米型の個人主義や実力主義がもてはやされた時代のとば口で、インナー広告が必要とされたわけです。大きな変革のひとつとしてリストラを断行する企業も増えてきた時代ですから、社員に対する心のケアを広告が担当することになったとも言えます。

先に挙げたトンボ鉛筆の広告は、こういった大きな経営改革とともにあるキャンペーンではありませんでしたが、これも社員のモチベーションを上げるための、ひとつのインナー広告でした。

「インナー」。岩崎事務所に来る人の中で、これを最初に言いはじめ、その後もいちばん長くそれを語っていたのは、博報堂C&Dを率いて独自の広告をつくっていた小沢正光さんです。小沢さんの代表作は、何といってもアサヒスーパードライ。「挑戦と達成」をコンセプトに、骨太な広告を展開し、商品の歴史的ヒットを力強くサポートしました。

かのカルロス・ゴーンによる日産のV字回復をイメージづくりの側面から後押ししたり、小泉政権時代、小池百合子さんをトップとする環境省のキャンペーン「チーム・マイナス6%」（これは岩崎事務所も参加しました）など、時代を動かすような大型キャンペーンの数々を手掛けていました。

そんな数々のキャンペーンの中でも私が、インナー性を強く感じとったのは、シャープのAQUOSという液晶テレビの広告。それまで広告ではなかなか顧みられることのなかった「工場とそこで働く人々」に着目、亀山工場を大々的に取り上げて「亀山モデル」のブランド化にも成功しています。もちろんスーパードライにおいても、工場を描き、物流を描き、それを主題とすることで、ビールの選択基準に「鮮度」という新しい物差しを世の中に定着させました。

工場の人、そこで生まれた商品を運ぶ人、そして小沢さんはたびたび、売り場の重要性についても熱心に語る人でした。インナーといっても、そのようにじつにさまざまです。

インナーを複眼で捉えることと、温かい目で見つめること。

そして商品に携わるいろいろな人を巻き込みながら広告をつくること。

その大切さは、いまに至るまでずっと変わることがありません。それればかりか、むしろ2030年に向けたSDGsの各目標や、それに伴うサスティナブルな経営の広がりなどを考えると、小沢さんのやってきたことは、今日的なブランディングと重なるところが極めて大きかった、と言えるのではないでしょうか。

ただ、如何せん当時は、いわゆるクリエイターがつくる、カッコよかったり、おもしろかったり、タレントを前面に押し出して耳目をひこうとするような、一般的な広告作法とあまりにも違うがゆえに、クリエイティブとしての評価はあまりなかったと記憶しています。でも、その先見性と奥行きのある広告的実践は、ようやくいまから評価を高めるだろうと思っています。

「きょうより、あした。」

きょうより、あしたは、きっといい日になるだろう。そう素直に思えることこそ、すべての原動力になっていきます。戦後の日本は物のない、貧しい状況から再スタートを切ったわけですが、そこにはきっと「きょうよりはよくなるあした」がみんなの心の中にあった。そういう確かな予感が、人々の心をひとつにしたし、生きる希望になったのだと思います。

つまり極論すれば、きょうの状態はどんなに悪くてもよいのです。ちょっとずつでもいいから、よくなっていく予感さえあれば、人は前向きに生きていけるのです。いまはその逆。豊かで、安全で、ひと通りのものは何でも揃う状態でありながら、この国には、希望だけがなくなっている。それはあしたがよくなると、誰も信じていないからです。

日本はいま、言うなれば、黄昏時です。経済は成長しない。老人は増え、子どもは減っていく。気候変動により、災害が日常的になっていく。仕事にすべてを捧げたところで、生涯を保証され、順当に出世するとはかぎらない。突然クビを切られることも。

さらに２０２０年は、そこに追い討ちをかけるように、新型コロナウイルスの流行と、それによる経済の停滞がはじまった。オリンピックのすったもんだもありました。書き出せば枚挙にいとまなく、どんどん項目が増えていくことでしょう。

不安と絶望。それが幾重にも人々にこびりついているこの状況下で、それでも見出せる希望とは何か？みんなが心を寄せられる大義は何か？

それを探すのがインナー広告の本当の役割です。それは単なる仕事紹介ではないのです。その意味でインナー施策は、これからももっともっと存在感を発揮するだろうことが予想されます。

この本の冒頭で、ステートメントが日増しに求められていると言いましたが、それはまさに、あしたを信じることが難しくなっている、その難しさの上昇曲線ときれいに重なり合います。ブランディングの一環として、ステートメントをすでに掲げていた企業のほとんどが、時代の変更に合わせて、それを上書きする必要が生じたのだとも言えます。いま求められているステートメントは、人々が働くことの新しい意義を見つけたり、あるいはまた、生きるすべての人の希望へと少しでもつながっていくような、そんな大きな言葉、強くて優しい、スケールの大きな言葉に違いありません。

ステートメントを書き直せ。それは時代の要請なのです。

そういった背景を踏まえて、最後にインナーを励ますステートメントをご紹介します。この広告は、「私たち」と記しながらも顔が見えない集団ではなく、企業の中の「私」が考えていることを伝えています。その人は、何かあれば責任を取るつもりのある「強くて優しい私」です。

そしてこの真摯な語りを読んだ社員は、自分の会社に当然誇りを抱いたでしょうし、社員の家族のみなさんは心から安堵したに違いありません。そしてこの時代に、家族主義を堂々と掲げる企業を目の当たりにして、改めていちばん大事なことは何かを考えさせられた経営者も多くいたのではないでしょうか。

この企業のトップは、がんで闘病中の社員の「一番いい会社です」という言葉を受け、社員が仮に病気になってもみんなで支えられる会社にしたいと決意したと言います。この伊藤忠商事の決意表明は、伊藤忠兵衛からはじまる、変わらない精神性を伝えているようにも見えます。2018年、新聞での企業広告シリーズで、コピーの作者は国井美果さんです。

がんになっても、わたしの居場所はここだ。

いま、日本人の2人に1人ががんになる時代を、
会社も、その社員も、生きている。

私たちは本当の家族ではない。それでも思う。社員は家族だ。
だから元気なときだけでなく、重い病気になったときも、
自分の家族のように正面から受け止め支えていく。
「どんなことがあっても面倒みるから元気になってこい」と言って、
医療費も将来の学費も「心配するな」と言って、
なにより大切なのは、そうやって治療しながら病気に負けずに

働きつづけられる空気を職場のみんなでつくることだと思う。
なぜ？と聞かれたら、「あなたの居場所はここだから」と答えよう。
人は『自分の居場所はここだ』と思えたとき、大きな力を発揮する。
そして支えた周りの社員の結束は、より強くなる。

きっかけは、長い闘病の末に亡くなった、ひとりの社員の言葉だった。
「私の中では日本でいちばんの会社です」。
あのとき言われたことを、本当のものにしなければならないと思う。
ここを、かけ値なしに働きがいのある場所に。
その一心でとりまとめた治療と仕事の両立支援策。
社員が働きがいを持たなければ、お客さまの満足もなく、
世の中の満足も生まれない。それが「伊藤忠健康憲章」。
道はまだ始まったばかりだ。

ひとりの商人、無数の使命　伊藤忠商事

15

コラム①

慣れんなよ。

慣れんなよ。これは私が『FILT』というフリーペーパーで書いたキャッチコピーです。なめ猫（なっかしー）の旗に書いてあった「なめんなよ」のもじりなんですけど、気付いてくれたでしょうか？そもそも知らない人も多いのかもしれませんが、気にせず進めることにしますね。このコピーを眺めながら思うのは、人生の経験とそれにまつわるほろ苦い不思議についてです。

私がコピーライターをめざしたのは24歳。人生のなんたるかをまるで理解していなかったその頃の私は、歳を取れば取るほど、いいコピーが書けると無邪気に信じていました。

嫌でも経験を積みますよね。知識やテクニックが次第にふえていきますよね。そしたらついには、ワインのように熟成しちゃうんですよねと、勝手に期待していたのです。あの頃、明日を見つめる私の瞳は、キラキラしていたことでしょう。

でも、作家やアーティストたちを見てみると、どうも、そうとはかぎらない。10代や20代の頃に最高傑作をつくってしまってその後は静かに黄昏れていく、みたいなパターンもけっこうあるのは知っていたけど、そっちの純粋アートとこっちの世界は別だもんねと自分に言い聞かせていました。嫌な予感をかき消して生きてきたのです。

そもそも人は「不慣れ」を克服するためにがんばるのです。にもかかわらず「慣れ」のレベルが一定に達すると、それはとたんに性質を変え、自分に刃を向けてくる。慣れは、水に慣れるの言葉の通り、共同体への順応であったり、当面の目標であったり、仕事のスキルアップやレベルアップであったりしたはずなのに、ある時点から、テキトーにとか、だいたいのところでとか、こうすればいいに決まってんだろなどの諸症状が顔を出す。詩人の吉本隆明さんはこれを「毒がまわる」と言いました。もともとは薬だったものが、正反対のものになる不思議。いや、もともとそれは、がんばることから絶対に引き剥がせない、副作用なのかもしれません。

コピーライターの卵が、顔を赤くして、声を震わせながら意見を述べたりしている。そういう姿を眺めていると、ハラハラするとともに「あ、いまが一番いいときだな」

と思ったりもして。懐かしい気持ちになったりもして。あと、がんばれって思うかな。震えるなんて、いい兆候だって。だって震えているってことは、何かに挑んでいるってことですからね。

私なんか、ひどかったですから。大勢の前でプレゼンしようとすれば、自分の第一声に上がってしまう。緊張するほど、息ができなくなってくる。あ、あと、どこで唾を飲み込めばいいかわからなくなって困りましたね。そんな経験を重ねることで徐々に慣れ、震えなくなったという成長の実感は、私を安堵させました。でもあの頃のことを思い出すと、なんだかいい時間だったと思うわけです。

「慣れてる人より、燃えてる人。」

岩崎さんの言葉なんですけど、いいでしょう。岩崎さんがつくった言葉はたくさんあるのですが、一二を争うくらい大好きで、折にふれ思い出します。これは若い人へのエールだったり、不遜な訳知り顔をぶっ飛ばせっていうアジテーションだったり。そういうことだと思うのですが、私はそれともうひとつ、慣れが足枷になった人でも、燃え続けることは一生できるぞっていう、人生の、むしろ後半戦へのアドバイスにも思えるのです。

慣れてる自分より、燃えてる自分、のほうがいいですよね。だから一心不乱に取り組むことでまわってしまう毒は、これはもうどうしようもない。あきらめて甘んじて受け入れるしかない。そのうえで、受け入れたその毒を、散らしながら生きる。それが50代になった私自身の、けっこうなメインテーマでもあります。

第2章

わからないから聞く、わからないから書く

ホームページに話を聞くな

最近特に思うのは、企業のホームページって何なんだろうってこと。ほぼすべての企業が当たり前のように持っているんだけど、なんの役に立っているんだろうといつも疑問に思っています。

ホームって言うくらいですから、その企業のオンライン上の拠点、SNSに比べれば遥かに恒久的な企業情報のベースですよね。だから本来、その企業のことを知ろうとしたとき、まずそこを訪れれば、全体像が端的につかめる。製品に興味のある人にも、取引先にも株主にも役に立つ。そのために生まれたものであるはずです。

ところがいま、ホームページでいちばん見られているのは、ヘタしたら、会社の住所かメールアドレスではないでしょうか。

事業内容、商品紹介、採用情報、近年の業績、連絡先などがあり、そこに抱負や展望についで語るトップのかしこまった顔写真がある。その企業の発祥や歴史について語られていることもあるでしょうが、そんなことがのっていたら気が利いているほうだと思います。先に挙げた企業ステートメントなんかも、サイトの必須項目のひとつではありますが、多くの場合、数あるインデックスに埋もれてほとんど存在感がありません。

そもそも階層の深いところに置かれたステートメントには、思えば当然のことですが、大したものがない。経験上、見るべきものがそこにあった試しがありません。ホームページの階層とはつまり、その企業の人たちが考えている、情報の優先順位だからです。私は、個人的には、すべてのホームページのトップには、企業ステートメントが置かれるべきだと考えていますが、現状、私と同じように考える企業はそう多くはないようです。

ホームページは、企業案内をペーパーレス化したという意味においては、環境的な意義はあるかもしれませんが、それ以上の価値はあるでしょうか。内部の人でさえ、一応あればいいくらいにしかおそらく思っていない。その驚くほどの期待値の低さが、ホームページのあの、ヒマそうな感じにつながっている気がします。

それは一応なくてはならないとされている。でも、誰も、そこを訪れることを熱望したりはしない。ホームページをきっかけにその企業のファンになる人がいない。ちょっと言いすぎましたが、多くの人がそのようなものとしてホームページを捉えているにもかかわらず、いざそのクライアントの仕事をするとなると、ホームページを熟読しはじめる人がいます。それがなかなかの問題なのです。書いてあることを、真に受けてしまう人、直接引用してしまう人がいるからです。

ホームページで得た情報は、読んだそばから忘れましょう。
忘れる自信のない人は、読むのをやめましょう。

文章は触れてしまうと、そうは言っても感化されます。影響されないつもりで読んでも、触れたものには、触れられてしまうのです。まず、まとまった『らしい文章』を読むことで、わかった気になる、という事態が想定されます。ちょっぴり洗脳された状態です。「わかった気になる」のは、思考停止のはじまりですから、くれぐれも注意が必要です。ホームページでわかったつもりになるくらいならいっそ、何も知らないほうがマシです。比べれば、そのほうが、既存の言葉に囚われることがありませんし、またリアルなユーザーの日常的な感覚に、よっぽど近いのですから。

もっと言えば、ホームページにはホームページ特有の人格があります。それは真面目な顔で正しいことを言う堅物です。お会いするとわかるのですが、実際の社内の空気や社員の方々の人格は往々にして違うものです。ホームページには、よくだまされるのです。だから「ホームページ人格」を信じすぎると、えてして目測を誤ることになりますし、お行儀がいいだけの堅物広告をつくってしまうことにもなりかねません。

例題が出しづらいのでもどかしいのですが、例えばあなたの会社や、あなたがいま思い浮かべた会社のホームページを開いてみてください。そこには間違ったことはおそらく、何ひとつ書いていない。そういう意味ではとても正しい。正しさが充実している。でも、そこには決定的に足りないものがあります。

それは情報の鮮度でしょうか。いえ、ちょっと違います。いちばん足りないものは、本心です。もっとも私たちが知りたいはずの「本当の心」が見えづらくなっているのです。

「本当」が語られていない。それはもう、嘘と同じです。

企業には当然のことながらたくさんの社員がいます。それなのに、人間がそこにいるように見えない。いろいろなことがあるはずなのに、正しさだけでコーティングされている。正しいだけの情報や、きれいごとでまとめられた文章は、感情や本音を周到に隠している文章です。「本当」を隠せば、それはすなわち「嘘」になります。そういうものが、クリエイティブの土台やヒントになるわけがないのです。ホームページを情報源として使用するなら、限定的な活用をおすすめします。私の場合は、徹頭徹尾、基礎情報の確認メディア。それ以外では本能的に近づかないことにしています。

ここからは、ホームページ的文章の考察と意見です。いっとき、サイト誘引が広告の世界でも流行りましたが、導いたその先がちゃんとしていなかったら、意味がないばかりか、マイナスにすらなりかねません。だから企業のサイトはもっと、表現物としてのクオリティと、訪れてくれたユーザーへの配慮を行き渡らせるべきだと思っています。

わざわざ訪れてきてくれたお客さまですから、お茶のひとつも出すつもりでもてなすのが筋というもの。それに気付いて工夫を凝らすサイトも徐々には増えていますが、依然過半数の企業サイトは無自覚のままの状態です。そんなホームページで何よりももったいないのは、テキストに血が通っていないこと。

血が通っていないから、ちょっと冷たいのです。

それはBtoB企業に限った話でもありません。通りいっぺん、型通り。美辞麗句あり。そして、間違わないように、間違わないように、言葉を置きにいく。ちなみに、そこに添えられるビジュアルは、本社ビル、晴れわたる空、子どもたちの笑顔（書いているだけで気持ちが沈んできました）。これは、どちらかというと、社内報のスタイルです。社内報の読者は社内にいますから、どんなものでも付き合う素振りをしてくれるでしょう。でも、外部の人は、そうはいきません。内輪の論理や発想でつくられたものには、疎外感しか感じませんから一回で離れていきます。

内向きでちょっと冷たいホームページ。そこにある文章は、もっと別の言い方をすれば、何かを恐れている人の文章なのではないでしょうか。減点を恐れ、間違わないことに腐心する「組織の人の文章」です。その類の文章がおもしろいわけがない。そもそもユーザーを見ていないのですから、ユーザーの心を動かすことなんて、できるわけがありません。届けたい相手のことをうんと想ってつくったものが、結局は、相手の心を震わせるのです。

私は以前の著作で、広告コピーには「売り言葉」と「買い言葉」のふたつがあると言いました。企業からのメッセージを売り言葉、生活者の気持ちから生まれるコピーを買い言葉。そんな風に振り分けて、さまざまな名作コピーを分類し紹介しました。私はいま、もうひとつの二分法があると思っていて、これはもしかしたら広告以外にも当てはまるのではないかと密かに考えています。

きっと、すべての文章は、「組織の人の文章」と「ひとりの人の文章」に分けられる。

いま申し上げた通り、組織の人の文章は、周りの様子を見ながら置きにいく、あるいは当てにいく文章のこと。正確性は高い代わりに、そこには残念ながら個人の感情がありません。人間味や面白味にかける行政の書類のような文章です（おもしろい行政の書類があったらそれはそれで嫌かもしれませんが）。

一方、ひとりの人の文章は、自分の足で立つ人、誰かに合わせようとするのではなく、自分がいちばんしっくりと来る意見や言い回しを探した人の文章です。だからややもすれば、素直すぎたり独りよがりのこともありますが、それも込みで、人間らしさ、その人らしさがにじみ出るものになります。

私がどちらの文章をおすすめしているかは言うまでもありませんが、驚くべきことに、組織の人の文章は、役所に留まらず、本当にたくさんの企業に蔓延しています。よく見てください。ホームページはその代表ですが、メールの文章も、企画書も、プレゼンテーションで話す内容も、「組織の人の文章」であふれています。意外に思われるかもしれませんが、市場を見つめているはずのマーケッターの資料に、やたらとカタカナがあふれていることも。これはマーケという村社会の言語ですから、組織の人の文章のひとつです。あれ？なんか入ってこないな、と思ったら、それは内向きな組織の病に侵されているに違いありません。

ただし例外もあります。ホームページ同様企業が発信するものなのに、SNSは基本「ひとりの人の文章」です。人間臭いもの、ユーモアを感じるものもけっこう多い。同じデジタルであっても目的の違い、ターゲットの違い、更新頻度の違いがあるので一概には比べられません。でも、ひとつの企業の中でさえ、ホームページの人格とSNSの人格が分裂していることもあるので、この現象はもっと考える必要がありそうです。

どうせならホームページのときも、企画書をつくるときも、自分がいつの間にか、組織の人になっていないか、上司の顔がちらついていないか、自分という「ひとりの感覚」を蔑ろにしていないか、心掛けてチェックすることがまずは大事なのではないでしょうか。そして今後、ホームページを豊かなものにするための鍵も、メディアによって人格を変えないことにあるのではないでしょうか。

最後に、2015年に書かれた「ひとりの人の文章」をご紹介します。虎屋という室町時代（!）から続く和菓子屋さんが、赤坂の店舗兼本社屋を建て替える際の、まさしくお手紙です。私はこれを読んだとき、先のトンボ鉛筆のコピーではありませんが、本当にこれをしたためる男性の真摯な横顔が思い浮かびました。

文章全体から醸し出される品性。そして、あたたかみ。人と人が関係することのすばらしさや、そのお付き合いの歴史が持つ重みと説得力。さらには赤坂という街に対する思いなど、さまざまなことを一行一行で感じさせてくれます。元号にこだわるところもさすがです。ゆっくりと、味わってください。

十七代　黒川光博より

赤坂店をご愛顧くださったみなさまへ

赤坂店、および虎屋菓寮　赤坂店は、10月7日をもって休業いたします。

室町時代後期に京都で創業し、御所御用を勤めてきた虎屋は、

明治2年（1869）、東京という全く新しい土地で仕事を始める決断をしました。赤坂の地に初めて店を構えたのは明治12年（1879）。明治28年（1895）には現在東京工場がある地に移り、製造場と店舗を設けました。

昭和7年（1932）に青山通りで新築した店舗は城郭を思わせるデザインでしたが、昭和39年（1964）、東京オリンピック開催に伴う道路拡張工事のため、斜向かいにあたる現在地へ移転いたしました。「行灯（あんどん）」をビルのモチーフとし、それを灯すように建物全体をライトアップしていた時期もありました。周囲にはまだ高いビルが少なかった時代で、当時大学生だった私は、赤坂の地にぽっと現れた大きな灯りに心をはずませたことを思い出します。

この店でお客様をお迎えした51年のあいだ、多くの素晴らしい出逢いに恵まれました。

三日にあげずご来店くださり、
きまってお汁粉を召し上がる男性のお客様。
毎朝お母さまとご一緒に小形羊羹を１つお買い求めくださっていた、
当時幼稚園生でいらしたお客様。ある時おひとりで
お見えになったので、心配になった店員が外へ出てみると、
お母さまがこっそり隠れて見守っていらっしゃった
ということもありました。
車椅子でご来店くださっていた、１００歳になられる女性のお客様。
入院生活に入られてからはご家族が生菓子や干菓子を
お買い求めくださいました。お食事ができなくなられてからも、
弊社の干菓子をくずしながら召し上がっていたと伺っています。
このようにお客様とともに過ごさせて頂いた時間を
ここに書き尽くすことは到底できませんが、
おひとりおひとりのお姿は、強く私たちの心に焼き付いています。
3年後にできる新しい建物は、ゆっくりお過ごしになる方、

お急ぎの方、外国の方などあらゆるお客様にとって、さらにお使い頂きやすいものとなるよう考えてまいります。新たな店でのたくさんの方々との出逢いを楽しみにしつつ、これまでのご愛顧に心より御礼申し上げます。ありがとうございました。

虎屋17代
代表取締役社長　黒川光博

16

書くことの半分は、聞くこと

コピーライターの仕事というと、ふつうは「書くこと」だと思いますよね。でも、極端にいうとそれは、私たちの作業全体の、後ろ半分の話です。コピーライターの仕事の前半は、「聞くこと」だと思ってください。では、聞くとは何か。まずひとつは当たり前ですが、人の話に耳を傾けること。そしてもうひとつは、相手に対して質問すること。このふたつです。

広告は基本的に、クライアントのオリエンテーションからはじまります。オリエン時はオリエンシートをもらいますが、僕はシートを見るよりも、オリエンする人が何をしゃべるのかに集中しています。オリエンとは、人から直接話を聞けるわけですから、話し言葉を手に入れられる最大のチャンスです。シートのわかりづらい点が補足されるばかりでなく、その人の本音のようなものが聞ける。発言の中に、そのままコピーになってしまうようなすばらしい発見が含まれることだってときにある。これを聞き逃す手はありませんよね。

とにかく、クライアントの話は要約しないこと。

すぐ要約しようとする人がいます。どんどん端折ることを仕事だと思っている人がいますが、作業の前半においてはくれぐれもやめてください。発言はできるだけ端折らずに、そのまま記述しておくことが大切です。オリエンに参加できなかった人に話すときもできるだけ、クライアントが話したことを、なぞるように話してください。書いてある言葉より、話した言葉。誰が、何を、どんな言葉で補足しながら話したか。そこに着目してください。ペーパーはもうそこにあるのですから。そうすることで参加していない人も参加したのと同じくらいの情報量になりますし、

それこそが自分自身の、ニュアンスの備忘録になります。

実際、商品の開発者から聞いた話をもとにつくった広告があります。2007年のソニーの新聞広告シリーズもそのひとつです。カメラの開発エピソードから、どのように商品が生まれたのか、どんな存在理由があるのかをコピーにしていきました。そのひとつをご紹介します。聞くことの大切さ、そこから生まれる思いも寄らない豊かさを示す一例として、よかったら参考にしてください。岩崎さんとの共作コピーです。

おじさん同士で、また来てしまった。

平日、午前11時。人影まばらな遊園地の中年男性2人組。あやしい者では

ありません。ソニーの技術者です。

もちろん彼らはメリーゴーランドに乗りに来たわけではなく、どの場所よりもひときわ色彩あふれる遊園地で、デジタルカメラの「色再現」のテストをしているのです。技術者の間で、とりわけ再現がむずかしいといわれる人工色。これを、無機質なカラーチャートのテストにとどまらず、天候や季節など、さまざまな光の条件下で撮影してみようという試みです。いわば、「生きた現場」でのカラーハンティングなのですね。

もちろん、これは私たちの取り組みのほんの一例。「色の不思議」は尽きることがなく、私たちが乗り越えなければならないテーマも、実にさまざまです。例えば、人間の目は太陽光であれ、室内照明であれ、リンゴの「赤」はほぼ同じ「赤」に見えるよう、脳が補正するといわれています。同じことをカメラがかなえるために、まず、レンズからの光を、デジタルの目といえるイメージセンサーで捉え、電気の信号に変える。これをプロセッサー（画像処理エンジン「BIONZ」ビオンズなど）と呼ばれる頭脳で補正し、人が美しいと感じる写真に仕上げる。つまり、人間の感性を吹きこむのです。この時ほど、ソニーならではの技術が活きる瞬間はありません。アナログの時代から、センサーもプロセッサーも自らの手で開発し、個人用からプロ用機器まで手がけるという、他に例を見ない技術の蓄積。その技術の結晶が、デジタル一眼レフ「α」や「サイバーショット」、「ハンディカム」となって、あなたの手に握られているのです。

人々が見たことのない高画質を実現したい。その強い想いを胸に、今日も私たちは研究室を飛び出します。

どこかで、カメラ片手に「遊んでいる」ようにしか見えない大人を見かけたら、ソニーの技術者かもしれない。そう思ってください。


つくる情熱、撮る楽しみ。Creator's DNA

17

「なぜそうなのか」。子どものような質問を、大人になっても続けている。それが研究者という職業のおもしろいところ、醍醐味なのかもしれません。この場合、研究者はカラーハンティングという目的のために、いそいそと遊園地まで足を運んで、色とりどりの「話」を採取しているわけです。

このシリーズ広告のテーマにはなりませんでしたが、研究室にはじつは空気人形が置いてあって、それに化粧をしながら肌色の研究をしているんだなんて話もありました。ちょっとびっくりするかもしれませんが、その光景もふくめて、私はなんだか研究者のみなさんのことを愛おしく思ったものです。

「美しいって何だろう?」「なぜ空は青いのか?」そして「そもそも青って何だ?」そういうことにあらためて向き合う姿勢。ふつうの大人だったら誰もがスルーしてしまう、あまりに本質的な物事に、いちいち立ち止まり、近づいて、じっと見つめる澄んだまなざし。それを持っていて、ふだんから実践するのが研究者です。

どんなに難しそうに見える研究開発も、本当は誰もが日常的に感受している、身近な疑問や違和感や好奇心からはじまるものです。でも、ふつうの人は億劫だからスルーする。研究者はスルーしない。たったそれだけの違いなのですが、その違いが大きいのです。

だから開発部門の人にお会いすると、なんだか似ていると思うことがあります。研究者もコピーライターも、「なんで?なんで?」からはじまる仕事。素朴であるがゆえに本質的な疑問や質問を、つねづね発動し、発想の原点にする職業です。

何かをつくる仕事とは「わからない」を愛する仕事だと思います。

自分で発想し、生み出していく仕事にとって、「子どもっぽいね」と言われることは、だから最高のほめ言葉。歳を重ねても、ある種の稚気や無邪気さを持っている大人って魅力的だと思いませんか。子供らしさを失って、なげうって、代わりに大人になるのではなく「子供らしさを抱えたまま熟成する」とでも言うのでしょうか。そういう人から醸し出される味とか愛らしさとかおかしみとか、そういう「人間味」のようなものを、企業全体の魅力にすることができれば、ソニーが素敵な人に見えるのではないか。そう思ってつくったのがこの広告でした。

ちなみに、無垢、無邪気、正直であることは、いま最先端を走る企業におおむね共通する美点でもあります。その大切さはブランディングやマーケティングの世界でも、近年注目されています。それは日本だけの現象ではなく、グローバル企業がこぞってイノセントやオネストを語り、オーガニックな取り組みや商品展開のコンセプトに掲げたりしています。ピュアであること。隠さないこと。もし仮に過ちがあったとしても、もたもたせずに、すぐさま公表すること。つまり組織の透明性とは、時間でも計られている、ということをわかっていること。その感覚と感性を持っている経営者に賛同が集まり、その集積こそが企業としての存在感や、人々を魅了するオーラにもなる。いまは、そういう時代なのです。

やはり企業は大きくなるほど、知らず知らずのうちに、ひとりの人間としてのふつうの感覚が、麻痺するのかもしれません。例えば大企業病と呼ばれるものも、決定スピードの遅れとか、社内政治の蔓延などがその問題点として挙げられますが、そういう病の根っこには、いつの時代も、組織としての無垢や無邪気の喪失があるのだと思います。どんどん人間が計算高くなったり、疑心暗鬼になったりするわけです。

無邪気さとは、言い方を変えれば、躊躇なく「聞く心」のことです。どんなことでもすぐ質問したり、誰の発言であってもバイアスをかけることなく素直に耳を傾けられる姿勢のことです。だから組織の硬直化とは、思いきり簡単に言うと、同じ会社の人にすら、話を聞けない状態のこと。隣の部、隣の班、隣の人などへ、質問が越境していかない「質問不全」の状況を指すのではないでしょうか。

いい問いは、いい答えである

「聞くこと」とは、クライアントの言葉に文字通り耳を傾けることですが、ただ聞くだけでいいわけではありません。冒頭で述べたように、能動的に聞くこと、つまり質問することも大切です。「いい質問ができればそれはもういい答えを出したも同然である」と言ったのはかの小林秀雄です。若い人は答えを出す訓練ばかりさせられている。答えを出そうと焦るのではなく、まず自分の中に問いを立てることのほうがよっぽど大切なんだと力説しています。

つくづくその通りです。問いかける言葉の中には、その後のヒントがたくさん詰まっているものですが、それだけじゃない。そもそもの話、誰かが用意した問いに乗っかって、そつのない正解を出すだけの「いい子」になるなと言いたいのだと思います。これはもう、生き方の問題とか、生きるうえでの主体性の問題です。自分の人生を自分のコントロールで生きるためには、問いを誰かに手渡すな、という晩年の小林翁からのアドバイスです。

問いの重要性はおわかりいただけたかと思いますが、私がまず最初におすすめしたいのは、そこまで大げさな話でもありません。実践上、何よりも大切なのは、「質問をたくさんする」ことです。

ふつうは量より質と言いますが、ときに、量と質は比例します。

私の場合、ちょっとでも引っかかる点があれば、極力質問します。クライアントとの第一回目の打ち合わせが、ほとんど私からの質問だけで終わってしまったこともあります。質問を誰よりもがんばる。そんな意気込みでずっとやってきました。この作業をないがしろにすると、その後の思考のよりどころがしっかりと定まらないばかりか、事実関係すら正確に把握できないことがよくあります。後からそれに気付くのですが。

担当者が思っていることをとことん引き出すこと。シートに書かれていないニュアンスを引き出せたら、それをそのまま加工せずに記すこと。すべては、そこからはじまると思ってください。

それと取材で得てしてやりがちなのが、自分が事前に想定していたシナリオに当てはめようとすること。それだけは間違ってもしてはいけません。答えを誘導しようと、言質を取るようなマネをすると、自分の仮説以外の無数の答えを切り捨ててしまうことになります。そしてどこかでひずみや軋轢を生み出すことにもなりかねません（これは経験に則した私からのアドバイスです）。そもそも、そういうことをしようとする人は、目の前の人間を見ないで、自分の頭の中を見ているのですから、これ以上の視野狭窄はありません。なんといっても相手に対して失礼でしょう。

得意先とのやり取りだけでなく、社内の打ち合わせのときだって、質問からはじめることをおすすめします。鋭い切り込みで問題の本質をえぐり出そうなんて力む必要はありません。素朴でいい。わからなければ、ここわからないのですが…みたいな、すがるような質問だっていいのです。本当にピュアで素朴な質問は、ときにチームのみんながびっくりするような、本質的で普遍的な質問になることがあります。だから若いころは徹底してそれを心掛けるべきなのです。いや、若いころだけではない。いくつになっても、知らないことを知らないと言える、そういう勇気が大切ですし、それがつくり手の何よりの強みになるのです。

考えてもみてください。前述した通り、広告は何の予備知識も持たない人に、何とかして伝えようとする行為です。自分がまっさらな目で見たときの「最初の感覚」が、広告の受け手の感覚にもっとも近いとも言えます。

ファーストコンタクトを重視する広告だからこそ、わかったふりなどをせず、わからないことをわからないと言えるコンディションにつねに自分を持っていくこと。クリエイティブ上の最初の発見は「疑問点を発見すること」です。だからできるだけ頭の中の力をすっと抜いてください。とにかく、無知の知をつらぬくことです。

そうはいっても、若いころは質問なんかできませんよね。そもそも言葉を発すること自体ままならない。そんなものです。打ち合わせでヘンなことを聞いたら「アホだと思われて笑われるかもしれない」「勉強不足や常識不足を指摘され怒られるかもしれない」そんな恐怖も手伝って臆病になり、結局はタイミングを逃してしまうものです。

かくいう私もそうでした。頭のいい聞き方をしようとして、結局そんなものは見つかるわけもなく、地蔵のように座っていました。終わった後に何度悔し涙を流したかわかりません（心の中で）。でも打ち合わせはカッコを付け合う場ではありません。むしろピュアな疑問や質問を気兼ねなく投げ合って、「気付き合う」場だと思っています。シンプルな問いを積み上げて、みんなで核心の頂に登っていくのです。

だから気張らず、なんでもいいから、とにかく質問してみましょう。様子を見てからなど考えず、質問は、序盤にしてみてください。ここがポイントですが、とにかく序盤。打ち合わせは後半になるにつれ、徐々にまとめのフェーズに入っていくので、ハードルがどんどん高くなります。

打ち合わせのヒーローになろう。

これは岩崎さんが、かなり昔に書いたものです。「俺はコピーの人格と、ふだんの人格が違うんだ」といつも冗談めかして言っていましたが、打ち合わせ時の岩崎さんは、確かにちょっとギアが入っていました。岩崎さんのコピーの人格が「やさしさ」や「大人っぽさ」や「静かに真理を説く人」だとしたら、打ち合わせ時の岩崎さんは、どちらかと言うと気さくで、やんちゃで、よくしゃべる人でした（そう、打ち合わせのときだけなぜかちょくちょく関西弁が出ていましたね）。

そして気取らずに、何でも素直に聞く人でした。とにかく力まずどんどん聞いて、そこからいろいろなことをその場で発想していました。なんならその場でコピーまで書いちゃう勢い。私はそれを見て、打ち合わせはライブであり、セッションなんだとつくづく感じたものです。

コピーはひとりで考えるもの。それが基本ではあるのですが、打ち合わせの参加者がまるでバンドのメンバーのようにセッションしながら、そのメンバーだからこその、何かを生み出していく。そんな一回きりの醍醐味や、ダイナミズムのようなもの。岩崎さんの打ち合わせからは、そういうものを感じることが多々ありました。

打ち合わせのヒーローってきっと、自分の意見を持ちながら、かといって固執せず、周りの意見がいいと思ったら、軽やかに乗れる人。思いもよらない展開を積極的に楽しめる人のこと。たくさんの打ち合わせを経験したうえでたどり着く、それは達人の境地のようなものかもしれません。

何はともあれ、しゃべるって大事なのです。私が出会ったとても優れたクリエイティブのスタッフは、例外なくおしゃべりです。ひとりでペラペラ、みんなでワイワイ、おしゃべりしながら思考する。そしてしゃべっているうちに、ものの5分でさっきとは真逆の意見を堂々と主張することもある。朝令暮改は優れた人の特徴です。要するに優秀な人は何ものにも囚われず、5分前の自分にさえも引っ張られずに、発想を瞬時に更新させていくのです。

でも、これを読むみなさんは、そこまでのことは考えないで結構です。まずは質問。愚直な問いかけ。それがヒーローになるための、最初の一歩です。

見出しを後回しにしない

子どもの頃を思い出してください。国語の授業で作文を書くとき、本文をまず書いて、題名を最後に考えませんでしたか?何となくみんな、そうやってきましたよね?題名からつくりましょうなんて言い出す先生は、たぶんですけどどこにもいないと思います。本文があって、タイトルがある。本文で書いてある全体を、どうやってそれ風のひと言にまとめるか、なんてことを苦心しながら考えたに違いありません。

それは大人になってからもきっと同じでしょう。みなさんが企画書をつくる際だって、本文をまずまとめますよね。企画書のタイトルは、もちろん最後。しかもそのタイトルを工夫しようと時間をかけてがんばる人は、思いのほか少ないものです。

中身と合っていればいいや、それで何がいけないの?という感覚でしょう。大抵は仮タイトルかプロジェクト名が記されている程度です。枚数がある場合、個々のチャプターに小見出しをつけることも多いと思いますが、ここにも苦心とか工夫の形跡はあまり見られない。これでは到底、人の心を鷲づかみする、説得力のある企画書にはなりません。では、どうすべきか。解決の糸口は、私たちがふだんから実践している「発想の順番」にあると思っています。

広告コピーの世界では、タイトルが先、本文が後。

いきなり長い文章をまとめようとするのではなく、まずは、題名にあたるキャッチコピーの部分を考えます。よく語られることですが、基本的には何十案も、集中的に考えます。そういう試行錯誤を必ず最初にやるのです。ここにはいちばん多くの時間とエネルギーを費やすといっても過言ではありません。

これはステートメント、ボディコピーの本ですが、かといってキャッチコピーやタイトルづくりをないがしろにしていいなんてことは、これっぽっちも思っていません。というか、こだわりを持ってキャッチコピーをつくることを徹底的に習慣化しないと、いいステートメントは絶対に書けない。ということを、まずはっきりとお伝えしておきます。

キャッチコピーは、「何を言うか」と「どう言うか」のふたつのハードルがあります。まずは「何を言うか」。それがおおよそ固まったら、それを「どう言うか」を考えるステージに入ります。ごくまれに、いっぺんに解決してしまうこともありますが、基本的にはこのふたつがあって、この順番でつくるんだな、と覚えておいてください。

さまざまな可能性を探り、チームやクライアントと議論を重ね、ようやくキャッチができた後、いよいよ取り組むことになるのが本文です。本文が何よりも大事だからこそ、本文ではなく見出しから考える。一見矛盾した話に聞こえるかもしれませんが、その順番は私にとってはかなり絶対的なものです。

作文や小説なら、読み手がいろんな解釈をしてもいいでしょう。むしろいろんな想像がふくらむのはおもしろいものです。純文学ならなおのこと。重層的な読みに読者を誘うなんて解説文に書いてあったら、それはもちろんほめ言葉です。

いっぽうで広告の文章は、その方向をめざしていません。誰が読んでもひとつの解釈しか成立しないよう心掛ける、というとちょっと言いすぎかなって思うのですが、少なくともあいまいなところがあれば、徹底的につぶしていきます。読み手がいろんな解釈をしてしまうと、伝えたいメッセージが思い通りに届かなくなってしまうからです。

そして最後は、読者が決してつまずかないよう、文章を整える。読み返すような手間を強いることがないように、文章をならす努力は怠りません。神経質すぎるきらいはあるのですが、

私たちがめざすのは、「文章のユニバーサルデザイン」です。

①一読で意味が取れること。
②難しい単語や専門用語は避けること。
③老若男女、誰にとってもわかりやすいこと。
④特定の誰かを傷つけないこと。

ユニバーサルな文章の、これが四原則です。いわゆるユニバーサルなデザインが持つ解放性、民主性を文章でやっている、とも言えます。平たく言えば、やさしさのデザインでしょうか。やさしさを尽くすことはまた、招かれざる客である広告を、わざわざ読んでくださる方への、最低限のマナーでもあります。

広告では、見出しであるキャッチコピーも、本文であるボディコピー・ステートメントも、基本的には心はひとつ。たったひとつの言い分に収れんしていくように書いていきます。だから、見出しを後回しにせずに先に書く。そしてそれを指標としてボディを構築するのです。

そのとき、いいボディコピー・ステートメントには、キャッチコピーが3つ入っている。なんて話を岩崎さんにされたことがあります。なんと高いハードルかと思われるかもしれません。私もそう思いましたし、いまだにそれを達成できたことなんてほとんどありません。ただ、見出しから考えるようにしていれば、それに近いことが自然とできるようになります。

コピーライターの谷山雅計さんのメソッドですが、たくさん書いたキャッチコピーが最初にあれば、それを組み合わせることで、ボディコピーが簡単につくれる、という教えがあります。あくまでも単純化された話ですが、いろんな可能性を探った頭で考えれば、自ずと全体を俯瞰できる、しかも印象的な言い回しを随所にちりばめることもできる、という話だと思います。

ここで谷山さんが書かれた新聞広告のステートメントをご紹介します。たくさんの企業が集まって世の中に投げかけられた共同声明の第一弾。いわゆる宣言文です。それなりのボリュームですが、言いぶんははっきりと一点に絞られています。タイトルが事前にあって、それがなおかつ骨太で強いからこそ、このステートメントが生まれるわけです。

このテキストは何回も読みなおしてほしいのですが、日本という大きなテーマをこんなにもやわらかく平易な言葉付きで語れるなんて、すごいことだと思いませんか。「かたいをやわらかいにする」のがコピー的文章の特徴です。意図して漢字をひらがなに開いている点にもご注目。これが、淀みなく読めて、スルスルと入ってくる、ユニバーサルなステートメントのお手本です。

ニッポンをほめよう。

反省はたしかにした方がいい。悪いところがあれば、ただちに直そう。けれど、最近、思います。この国は、必要以上に、自信をなくしてしまってる

んじゃあないかって。ちょっと前まで「ジャパン・アズ・ナンバーワン」なんてチヤホヤされて舞いあがってたくせに、少しばかりつまずいたら、すぐにシュン。極端すぎや、しないかな。ここらでひとつ、エイヤッと流れを変えてみようじゃないか。不景気の中だって、新しいアイデアで突破口をつくろうとしている人がいる。まず、彼らをほめよう。「オリジナリティーがない」と言われてきたこの国だけど、たとえば日本発のアニメ、ゲーム、映画を見よ。そのクリエイティブ、なかなかやるもんだ。近頃の若いもんは……とみんなブツブツいうけれど、いや、近頃の若いもんのセンス、イケてるじゃあないか。こんな風に考えていくと、「日本をほめる」なんて、なんだけっこうカンタンなことだと気づく。政治が悪い、官僚が悪い、上司が悪い、教育が悪いと、戦犯さがしに明けくれるのは、もうよそう。ダメだダメだの大合唱からは、何も生まれはしないのだから。ねえ、皆さん。――日本の強み、日本のいいところを、ポジティブな姿勢で見つけだし、見なおしていこう。「ニッポンをほめよう」は、わたしたち60の企業が発信する、共同声明です。

18

考えてから書くのではなく考えるために書く

「小説がなぜ成立するかといいますと、記述してきて書けなくなったら〝次の朝〟と書くでしょう(笑)。展開に行き詰って難しいところになると、〝次の朝〟で逃げるわけです。僕の場合も、それが出ちゃうわけです。分からないことは何度考えても分からない。しょうがないから、〝次の朝〟という感覚でどんどん変えていく」

(『著書解題 内藤廣対談集2』INAX出版)

建築家の原広司さんと内藤廣さんの対談で「わからないから書く」というくだりがあります。これは原さんの発言ですが、書くことと考えることは同時進行だと私に教えてくれました。考えが完了してから書くわけではなくて、むしろわからないから書いている。明らかにしようともがいて、書くことで何かを見つけている。書くという行為を通じて思考を広げたり深めたり、そしてここが重要なのですが、「不意に出会ったり」しているのです。

私はいまどき少数派かもしれませんが、原稿用紙と鉛筆をいつも持ち歩いています。打ち合わせでもいまだにこだわって原稿用紙にメモをとるようにしています（書かずに覚えておこうと思ってもびっくりするくらい忘れてしまうからです）。とにかく手を動かす。そして手書きの文字として紙に残しておきます。いかなるやり方も個人の好み、習慣の問題ですから、何ひとつ強要するつもりはありません。もちろんタイピングだっていいに決まっています。

とにかく頭を動かしたいなら、手を動かすこと。

そういうことだと考えています。脳味噌には筋肉が付いていません。だからインプットする際もアウトプットする際も、結局は体の他の筋肉と連動させるしかない。例えば見るという行為ひとつとっても、何も動かしていないように見えて、そのじつ目の玉と視神経周りの筋肉を動かしている。だから脳と筋肉は四六時中ワンセットなんだと養老孟司さんがおっしゃっていて、非常に得心したことがあります。

考えるとか、集中するって、何かじーっとしている状態をイメージしがちですが、きちんと考えたいときほど、体を動かすことが大事なのではないでしょうか。コピーの場合は、

「手で考える」ということ。あるいは、構想を「手で練る」ということだと思います。

そして手を動かしはじめたら、「質問」のときと同じように、いきなりいいコピー書くぞなんて思わなくていいのです。やはり最初は、素朴が大事。ランダムでいい。心に浮かんだとりとめのないよしなしごとを、ボソボソとつぶやくように書き連ねていくだけでいいのです。

例えばエコロジーに関するコピーを書くとします。環境のこととか本当はわからないんだよなあと思ったら「エコロジーはわからない」と書けばいい。自分の生活がエコロジーと無縁だったら「エコなんて興味なし」とか「そもそもお金かかるじゃん」と書けばいい。「詭弁だ」「欺瞞だ」「時すでに遅し」だって構わない。とにかくどんどん書いていく。

それを延々繰り返していくうちに発見の糸口や、なんだかわからないけど「この言い回し気持ちいいな」とか「手応えがあるな」が見つかるものです。環境をテーマとした金鳥の名作CM「つまらん！」だって、そんなプロセスから生まれたに違いありません。

メモは読めればいいので、マス目や罫線などは気にせずに、まるで子どもがお絵かきでもするような気軽さで、用紙のあちこちにそのテーマに関する単語や、オリエンに書いてあること、シンプルな感想などを書き込んでいます。このときは、タイピングするよりも手で書いたほうが自由度が高いかもしれませんね。ごちゃごちゃと書き込んだ一枚の原稿用紙は、タップやスクロールをする必要もなく、起動する際の待ち時間もなく、全体をひと目で見渡すことができます。さしずめ発想の曼荼羅絵です。

そして、コピーのかけらのようなものを書きながら、「世にあるこんなコピーが近いかも」と思ったら、すかさずそれも書き込んでいきます。もちろん小説や歌のタイトル、一節だって構わないのですが、主には過去の名作コピーをちょこちょことメモしておきます。名作を眺めていると、発想の大きさ、大らかさ、思い切りのよさなどにたいへん勇気づけられることがあります。こういうレベルのものをつくらなきゃ、という自分への戒めにもなる。いろんな効能があるわけです。

大成建設の「地図に残る仕事。」
資生堂の「一瞬も 一生も 美しく」
サントリー烏龍茶の「それゆけ私」
キユーピーの「愛は食卓にある。」

岩田屋の「普通の理想」
JA全農 農協牛乳の「自然はおいしい」
オリンパスの「ココロとカラダ、にんげんのぜんぶ」
サントリーウイスキーの「なにも足さない。なにも引かない。」

19

他にもふだんからお世話になっている名作は山ほどあるのですが、おもにこの方たちが、私の原稿用紙にご登場いただいている、大好きな常連さんたちです。

「わからないから書く」。それは、キャッチコピーを書くときも長めの文章、本文を書くときも基本はいっしょです。まず突き当たるのは「書き出しの壁」ですが、それもあまり考えないで、思いついたものをとりあえず書いてみる。手を動かしてみる。うーん、なんか違うなと思ったら、もうひとつ書いてみる。そんなかんじで「とりあえず」を積み重ねて」いけばいいのです。

どうせ最初に思いついたものなんて大したものではありません。だから囚われすぎずに、積極的に試行錯誤することをおすすめします。書き出しは「第二のキャッチコピー」です。じっくりあれこれ粘ってください。

ファーストインプレッションでいきなりいいワンフレーズが思い浮かんだり、スラスラと書き直しゼロで長文が仕上がってしまったり。そんな芸当は、どんなに習熟した人でもきっと無理です。手探りをする指先に、なにかしらの感触があれば、それを頼りに掘り進めてみる。ダメならまた違うところに手を突っ込んでみる。そんなふうに、行きつ戻りつ、地味で地道な手探りを続けていきます。行きつ戻りつでいえば、消すという行為もまた、後退に見えますが、れっきとした前進です。

消しゴムは、形を変えた、えんぴつなのです。

間違えて、間違えて、滑って転んで、そんな七転八倒や蛇行を繰り返していくうちに、いつの間にかゴールに近づく。この道のりは、コピーにかぎらず文章を書くすべての人に当てはまることだと思います。もっと言えば文章にかぎらず、ものを一からつくるすべての人にそっくり当てはまることではないでしょうか。

ここでまた２００６年のトンボ鉛筆の新聞広告を紹介させてください。書くと消す、という行為の中にある心の動きを、師匠の岩崎さんと共に書いたコピーです。トンボ鉛筆という企業と、手書きをするすべての人への、応援歌です。

人は、書くことと、消すことで、書いている。

消しゴムを使う人を見ると、
あ、この人はいま、一生けんめい闘っているんだな、
と、なんだかちょっと応援したくなります。
自分の想いを、正しく、わかりやすく伝えるにはどう書けばいいのか。
それと真正面から向きあい、苦しみ、迷いながら、
でもなんとか前へ進もうともがいている。
消す、という行為には、人間の、
そんなひたむきな想いがこもっている気がしてなりません。

文具づくりにたずさわって、まもなく100年。
トンボは、「書く道具」と同じくらい、「消す道具」を大切に育ててきました。
日本の定番と言っていい消しゴム。
品質をみがくことで、大きな市場を切り開いた修正テープ。
そこにあるものを、すばやく、美しく、カンタンに消し去ることで、
この世にほんとうに生まれて来なければならなかったものが
姿をあらわしてくる。
消すことは、また、書くことである、と信じるトンボです。

トンボが動いている。
人が、何かを生み出している。

20

迷ったら、迷わず、原点

クライアントの情報を入手するなら、ホームページに聞いてはならないと言いました。広告担当者や研究開発の人から直接話を聞けるときには、躊躇せず、質問魔になるべしとも言いました。でも、それがすべてではありません。

商品や企業にまつわる真実を探し当てるには、商品情報や市場動向やユーザーの評価の他に、企業のトップの言葉にも耳を傾ける必要があります。商品広告もそうですが、企業広告や企業ステートメントを策定する際は、なおさらそれが重要になります。いちばんのよりどころになるのは、当然のことながら社長や会長の方針と発言。対外的に発表された発言録はもちろんのこと、ふだん社員に話していること等も、もし聞けるなら、とても大きなヒントになります。

直接お会いできればいちばん話は早いのですが、そういうときばかりではありませんよね。お会いできないときは、トップの著作やインタビュー記事に目を通すことになります。日本経済新聞の「私の履歴書」がいちばん役に立つという人もけっこういます。あれは自叙伝のスタイルを採用していますから、ふつうの記事よりも明らかに、個性や本音が浮き彫りになります。自分の手で書いたものには、不思議と人を引き寄せる手づくりの温もりが宿ります。

岩崎さんも、努めてトップの記事には目を通していました。でもそれだけにとどまらず、人となり、思想信条、社内外の人間関係なんかを聞いたり読んだりすることも怠りませんでした。ただそれは、探偵のような身振りで、逐一調査をすることではありません。どちらかといえば「真剣な斜め読み」といった風情でした。一個一個の細かい情報に首っ引きになっても逆によくないのです。ドローンのような眼差しで全体を俯瞰しながら、その人の「核」となる部分を探していたのだと思います。

ひとつ印象的だったのは、かつてあった日本財団のCM競合のとき。当時のトップは作家の曽野綾子さんでした。曽野さんが敬虔なクリスチャンであることを知った岩崎さんは、打ち合わせの場で「責任のない愛はない。」というコピーを書いて「これだよ」と言ったのを憶えています。果たしてその競合は勝利しました。

これはあまりにも単純で極端な例なので参考にはなりませんが、いずれにせよトップの人格は、組織全体に降り注ぐ、粒の細かい霧雨です。だからトップが直接決裁しない場合でも、絶対に侮ることなく注視する必要があります。

ただ、社長、会長、経営方針、人となり、そこまでを見渡したとしてもまだ、足りないことがあります。全体像や勘所がいまひとつつかめないことって多々あるのです。


迷ったら、原点。そんな言葉があります。


50年経っていようが100年経っていようが、創業者とその言葉に立ち戻る。そうすることで、不思議なくらい瞬く間に、その企業の本質が見通せることがあるのです。

創業の話とは、何もなかったところに、何かが生まれた瞬間の話です。どんなに歴史ある有名企業も、さかのぼれば、存在しなかった時代がある。それがあるとき、産声を上げ、存在をしはじめる。懸命に呼吸をしはじめる。その奇跡のような出来事をできるだけイメージしようとすることで、コピーの元となるような真実の種を見つけられることが、とても多いのです。

代々、語り継がれるエピソードを知ることも、創業者の人間性を理解したり、当時の空気を想像したりするうえで役立つものです。エピソードになるということは、感情の琴線に触れる何かが強烈にそこにあるということ。社員をはじめとする人々の口の端に乗って、それがしだいに物語となり、リレーされていくだけの力があるということです。若い頃、それがわかっていませんでした。ひとつの会社の中で、連綿と伝えられてきた思いやエピソードの意味、重み。その思い出が心のどこに仕舞われているのかがまるで理解できていませんでした。創業までさかのぼることには違和感のようなものまで抱いていた20代の私は、そんな昔話をほじくり返してどうするの?みたいなかんじでむしろバカにし、遠ざけていたほどです。でも、違うのです。

創業者にまつわる情報は、その企業の、DNA情報なのです。

何を大切にしたか。誰の幸せを願っていたか。困難にぶつかったとき、どんな行動をして、それを回避したのか。そして、部下に何を語り、何をすすめ、何を禁じたのか。いまでは私も、そういう目で会社のはじまりを観察することにしています。

例えば数十年にわたって「味ひとすじ」の永谷園は、日本がバブルに沸いた頃でさえ、土地を買いあさったり株を買いまくったり、唐突に事業を多角化したりしませんでした。本業しかやらないなんて臆病者のレッテルさえ貼られかねないバブル期に、余計なことをしなかったのは創業者である永谷嘉男の見識とまっすぐな理念によるものです。味はやる。

他はやらない。「味ひとすじ」というたった5文字の明解で一徹なブランド・ステートメントは、この企業が今後どう成長するにせよ、精神の真ん中にずっと生き続けることでしょう。

どういう「ひとりの思い」から、会社は誕生し、成長し、あるいは挫折し、いまに至るのか。伝記の類には、ご都合主義とヒーローにするための脚色が付きものですが、そこを差し引いたとしても必ず得るものがあります。

日本を代表するような企業には、暑苦しいほどの夢や希望を持って、時代を駆け抜けた企業家がずらりと顔を揃えています。いまの人間よりも遥かにスケールが大きくて、野性味をふんだんに漂わせ、ある意味無茶苦茶な人たちが、戦後未整備なこの国で活躍し、いまへと続く「日本のかたち」をつくり上げました。

それを痛快な冒険譚として楽しむだけでも意味はあるのですが、何よりも大切なのは、そうした偉人が、よく見れば聖人君子やスーパーマンなどではないということ。ただただ、人間であったということです。特権的な立場にもない。約束された成功や未来などこれっぽっちも持ち合わせてはいない。私たちと変わらないそんな人間くさい人間が、迷ったり悩んだり、怒ったり泣いたり、ときには深く傷付いたり傷付けたりしながらも、それでも一歩を踏み出した、ということが重要なのです。だからその、人間らしい弱さと強さを、我々にも該当しうる可能性として感じとるべきだと思います。

創業者とは、べそをかきながら、ゼロをイチにした人です。

だから、ブランディングの作業をする際は、創業者のどこを見ればいいのか。それは言うまでもないことですが、創業者の成功後ではなく、成功前。成功後の様《さま》になる以前のところに注目すべきです。おそらくそこには、不安やら高揚感やら、抑えきれないほどの「荒ぶる気持ち」をないまぜにして抱えながら、何かをこじ開けようとする人の姿が見つかるはずです。

そしていま現在の社員の人たちも、ブランディングというのなら、成功前夜のそういうタフな精神を見習って、目標を設定することが大事なのではないでしょうか。数字や損得勘定や市場分析などの理性的な視点からは、どうしてもこぼれてしまうもの。誰に憚ることなくやりたいことをやるんだという、強い気持ち。いまの時代にごっそりと欠けているのは、そういう「企業の野性」であることを、アントレプレナーの大先輩たちはもれなく教えてくれます。

世界に誇る日本の創業者やそれに連なる経営者。有名どころでは、パナソニックの松下幸之助。ホンダの本田宗一郎。サントリーの鳥井信治郎。ソニーの井深大と盛田昭夫。そしてここに並べておきたいのが２０２０年に亡くなられたオムロンの立石義雄。以前デザイン部門の仕事でお世話になりましたが、この企業の人たちの秘めたる情熱は、立石さんの人間性そのままではないでしょうか。今も御活躍の経営者で言えば、京セラの稲森和夫さん、そのあとはユニクロ柳井正さん、ソフトバンク孫正義さんとくるかんじでしょうか。

他にももちろん大勢いますし、私たちが担当する企業すべてに創業者がいて、並外れた個のエネルギーからその歴史がはじまったこと。その人の起伏の激しい経験から生まれた「思いと言葉」がそこにあること。それをないがしろにせず見つめることから、ブランディングのすべてがはじまるのだと思います。

ＨＯＮＤＡの２０１２年の広告「試す人になろう。」も、創業者である本田宗一郎の語録「試す人になれ。」がもとになって生まれています。その後のシリーズとなった「負けるもんか。」も「おもしろいから、やる。」も、すべて本田宗一郎が生み出した言葉が起点となったものです。ここでは、荒木俊哉さんとつくった開発者たちの日常を描いたＣＭのコピーを紹介します。

何度もやり直して、
ずっと気になって、
たまにボーっとして、
しつこく相談して、
とことん心配して、
しぜんと集まって、
いつも体で考えて、
ちょっと困って、
つい盛り上がって、
すぐ無口になって、
結局また、やり直して、
でも、きっと、
失敗するたび、未来に近づく。

だからおそれず、試す人になろう。HONDA

21

世界のHONDAも最初は、本田宗一郎が自転車にエンジンを取り付けたことからはじまるのですが、本田さんは、本田さんらしいパワフルで熱のこもった言葉の数々を後世に残してくれました。ホンダの人に会うと「オヤジの言葉」がいまでも大きな影響力を持っていることが伝わってきます。

オヤジという言葉からもわかるように、ホンダは家族モデルがそのままスクスク大きくなった会社です。オヤジが好きで、クルマやバイクが大好きで、ただそれだけの、愛すべきあんちゃんたちです。もはや一流のグローバル企業なのに、そこはかとなく町工場の油の匂いのする人たち。スタートアップ企業のような猥雑さ。不良っぽさ。いまはもうだいぶ薄れてきたのかもしれませんが、そんな「不良の純情」がこの会社の極めておもしろい持ち味であり、いわば不変のDNAです。

前を向くために、後ろを向いてみる。

未来を知るには、とにかく過去から学べ、とはよく言われることです。いまは企業の社会性が問われ、さまざまな制度の変更が求められ、多くの企業は戸惑いの只中にいることでしょう。自分たちの事業が、儲けを出すだけでなく、いかに社会に貢献をしているか。そのことにちゃんと答えなくてはいけないとか。もっと言えば、社員のモチベーションを上げるとともに、説明責任をきちんと果たして社会全体からの支持も取り付けなければいけないとか。課題が一気に押し寄せるとき。果たして企業は、どうすればいいか。

加速度的に「未来の視界」が、悪くなっているいまだからこそ。私たちにできることは、いま一度、原点を見つめることだと思います。「どこへ行くのか」を考える前に、「どこから来たのか」をちゃんと全員で議論することだと思います。

だから、いきなり前（未来）を向こうとするのではなく、いったん後ろ（過去）を向く。そしてそのまま一歩ずつ、あとずさりするように未来に向かう。そんな慎重なアプローチも、いまはあり、なのではないでしょうか。

それに、遠くの過去に視線を飛ばすその振る舞いは、想像力の飛距離を鍛えてくれる、とてもいいトレーニングにきっとなります。それは翻って未来を見ようとするときも、相当な力になることでしょう。

太宰治というコピーライター

コピーライターをめざす人や、文章を上手に書けるようになりたい人は、好きな作家の作品を読んで勉強することがあると思います。私も、師匠である岩崎さんの文章は無論のこと、さまざまな先人たちの言葉に触れてきました。なかでも太宰治、作家であり文芸評論家であった中村光夫、ボディコピーの指南書を書かれた鈴木康之の三氏は、私が言葉を使ううえで軸となるものを学ばせてもらった方々です。簡単に言うと、ずっと頭の中に残っている人たちです。

鈴木さんはボディコピーの厳しい師範として。中村光夫は『日本の近代小説』『日本の現代小説』の著者ですが、私にとっては「文末の先生」です。日本語は文末に人格がよりよく出ますが、その徹底した「です・ます」調で文章の品とは何かを教えてくれます。

そして、太宰治。この人ほどコピーライター的な感性を持った作家は、そういないのではないでしょうか。『人間失格』これはタイトルですが、一度聞いたら絶対に忘れない、けたはずれのインパクトを持ったキャッチコピーです。日本文学史上最強キャッチではないでしょうか。太宰治は、坂口安吾らとともに無頼派と呼ばれた作家のひとりですが、無頼という言葉から感じる勇ましさよりむしろ、日本を代表する、照れや恥じらいを抱えた文学者です。ちなみに私の太宰活用法は、真剣でも深刻でもありません。気休めにページを繰りながら「重いのに軽い言葉の力」を味わうだけです。


「恥の多い生涯を送って来ました。」

「笑われて、笑われて、強くなる。」

「当時、私には一日一日が晩年であった。」

「不良でない人間があるだろうか。」


など、どれにも発見があり、どれもステートメントの基本コンセプトになりそうな言葉ばかりです。重いけど軽い。弱いけど強い。暗いけど輝きを放っている。そんな二律背反の魅力にあふれたキャッチーなフレーズがさまざまな作品に見受けられますが、極め付きは『二十世紀旗手』というタイトルの横に付されたこのひと言ではないでしょうか。

「生れて、すみません。」

誰もが知る言葉ですが、このワンセンテンスだけで、読み手の胸ぐらを一瞬でつかんでしまう瞬発力と暴力性を感じていただけると思います。そして書き出しやタイトルにどれだけ気を配っていたか、工夫を凝らそうとしていたかもすぐにお分かりいただけると思います。

太宰は稀代のコピーライターで、そのフレーズの切れ味のすばらしさで、人を驚かせたり、赤面させたり、眠っていた感情を人に突きつけたりします。自意識を語りつづけてきたからこその卓越した技術のなせる技です。心を動かすのがコピーの役割だとすると、太宰の生み出したフレーズは、おおむね後ろ向きではありますが、動かし方の見事なお手本です。

太宰には本当に多くのコピーライターが影響を受けているんだろうと思いますが、『コピー年鑑』で岩崎さんが自分のいちばん好きなコピーに挙げていたのは、これです。

「大人から幸せになろう。」

本人に確認したわけではありませんが、これも、「桜桃」の出だしである「子供より親が大事、と思いたい。」にきっと影響を受けているのではないかと私は勝手に推測しています。このコピーに限りません。ものの感じ方、考え方の根幹にこの「大人が大事」があったようにも思います。これは2001年のあるフォーラムのために書いたステートメントです。21世紀にますます高齢化が加速するこの国の、大人たちに対する提案です。

22

大人から幸せになろう。

日本の大人は楽しそうな顔をしていない。
そう感じたことはありませんか。こんなに豊かな国に生まれ、

きれいな服を身に着け、おいしいものを食べ、
空調のきいた部屋に住んでいるのに、ちっとも楽しそうに見えない。
そう感じる時、いつも行きあたるひとつの思いがあります。
結局、私たち大人の大半が、
自分の好きな人生を生きていないからではないか――
50歳を越えたら自由に生きてかまわない。
そう考えてみませんか。あなたは十分に働いてきました。
ひたむきに暮らしてきた歳月を思えば、
それは当然の資格であり、権利だと思うのです。
小さい時からの夢。胸の奥深くにあたためていたこと。
最近思いがけなく心を動かされたもの。何でもいい。
今までの人生にとらわれたり、誰かに遠慮したりせずに、
やりたいことをやりたいようにしてみませんか。
いちばん大切なのは、あなたが幸福であること。
あなたが幸福でなければ、あなたのあとにつづく
若者や子どもたちが大人になりたいと思わないのですから。

自分のことを考えてください。自分のことを考えるために、
人の言葉に耳を傾けてください。人生はこれからだ、
と心から気づくための10日間が、いよいよ始まります。

これは岩崎さん自身のフィロソフィーがよくわかるステートメントです。このステートメントはもちろんこのフォーラムのために描き下ろされたものですが、「大人から幸せになろう。」はかつてブライトンホテルのコピーとして書いたもの。ですが、ここまで考えたうえで、見出し部分は、そのまま使うことを決断したのです。

ですからこれは、岩崎さんの中にもともとあった考えが、クライアントによってそのつど引き出されたと考えるのが順当ではないでしょうか。

そして最後にもうひとつ。句読点に関する思い。これは、岩崎さんや私だけじゃなく、コピーライター全般の特徴なのですが、私たちの文章はとにかく句読点が多い。それがいいことなのか悪いことなのかはわかりませんが、語りかけるようなステートメントの場合、しぜんと呼吸のリズムで句読点を打つようになります。

それに加えて、コピーライターがワンセンテンスに込める思いの丈は、どこか短編作家が一行に込める熱量と似てくるのかもしれません。太宰も作品によっては極めて句読点を多く打つ作家です。一行一行が勝負の世界。点を打つことで、タメをつくる。丸で、しっかり立ち止まってもらう。そうすることで、次の言い分を受け止める準備を充分にしてもらいたい。そんな思いが、点丸には込められているのです。

コラム②

正直の専門家になろう。

四半世紀。この仕事をしていていちばん嬉しかったことをお話しします。あるコンペに参加したときのこと。私たちのチームは『がんばれ！ベアーズ』のような、寄せ集め集団でした。だけど結果として私たちのチームが選ばれ、仕事をすることになりました。そしてコンペの後で聞いた選定理由が、こういうものだったのです。

もちろんコンセプトやアイデアもよかったと言ってくれましたが、クライアントの責任者が「岡本さんたちと、これから深い話をしたいと思ったから」と言ってくれたのです。会社のことをじっくり話すなら、誰としたいか。それを基準にパートナーを選んだというのです。人として見込まれるって、こんなにもうれしいんだとしみじみ思ったものです。

いま、コピーライターにいちばん必要とされる素養があるとしたら「本当の話ができる人間」である、ということだと思います。

コピーライターという仕事は雇われ稼業ですから、クライアントや代理店から依頼されないと仕事にならない。基本は、人から好かれないと仕事にならない。でも、好かれなきゃという思いが強すぎると、ただちに御用聞きになってしまいます。広告の場合、御用聞きでは役に立てないのです。仕事だからこそ、聞くべきことは聞いたうえで、ときに反対意見も言わなきゃいけない。遠慮せず、本当の話をしなくちゃいけない。上からでも下からでもなく、対等な目線で、クライアントと向き合うこと。すべては、そこからはじまるのだと思います。２０１７年、アサヒグループ食品の「ミンティア」の広告で、こんなコピーを書きました。

ビジネスで付き合うコツは、本気で付き合うことだと思う。

24

私たちは間違いなく出入りの業者なのですが、だからと言って、卑屈になる必要はありません。クライアントの言うことだけを聞いていたのでは、いいモノはつくれないのです。私たちは徹底して話を聞く「インタビュアー」であり、アイデアを出したり企業の方針を言葉で綴る「作家」であり、何かあればしっかりと意見する「コンサルタント」でもある。つまりわれわれコピーライターは、ライターといえども前提をひっくり返すこともある「いちばん生意気な出入り業者」であるべきなのだと思っています。

さすがに生意気は言いすぎかもしれませんが、私はいつも心の中で「人間と人間として対峙したい」と思っています。その思いに背くような言動だけは、どんなに偉い人が相手でも、しないと心に決めています。もちろん、ビビることもあります。ペコペコしたくなるときもあります。

何しろ、卑屈は楽なんです。

どんな理不尽も受け入れてしまえば、少なくともその場で「面倒臭いやつ」の烙印を押されることもありませんし、即刻クビになるという最悪のシナリオも避けられます。でも、そうやって受け入れると、そのうちどこか違うところに破綻が生まれ、結局は継続した関係になりません。責任から逃れたつもりでいても、思わぬ角度から矢が飛んでくるだけです。責任は、かわせないのです。

コピーライターは、正直であることを許された数少ない職業だと思います。言うなれば「正直の専門家」であるべきです。いいものはいい、おかしいものはおかしいと、素直に言えるかどうか。その資質の有り無しが、コピーライターになれるかどうかの分かれ目のような気がします。

企業内だけで通用している常識やルールはいっぱいあります。そこに安易に同化するのではなく。広告を初めて見る人と同じ目線で、クライアントの置かれた立場や現状を冷静に捉えて相対化する。つまり「他者の目」で、クライアントをスタートラインに連れ戻すのは、これからのコピーライターのさらに重要な任務になるのではないでしょうか。

第3章

本当のところを、自分に問いながら

自分で自分を取り調べる

広告の言葉が読み手に伝わる。そのコミュニケーションのベースにあるのは共感です。ステートメントコピーも、当たり前の話ですが、建前のきれいごとよりも、本音のほうが、受け手をゆさぶるものになります。だからこそコピーライターは、横文字だらけの頭の良さそうな文章や美辞麗句を書こうとする力にあらがって、心からの言葉を発見していかなければなりません。

ぶっちゃけおまえはどう思っているのか。建前はいいから腹割って話そうぜ。私はそれを、何度も自分に問いかけます。

本当のことを言う。本音や本心を漏らす。ふだん考えていることを、ふつうに思い出す。それは、とても簡単なことだと思うかもしれませんが、やってみるとこれがけっこう難しい作業なのです。なかなか捗らないばかりか、考えてしまったがために真実から遠ざかることもある。自分が何を考えているのか。あるものごとに対して、どういう感情を抱いてきたのか。思い出そうとしても思い出せないこともあるし、記憶が蘇ったと思っても、それが捏造であることすらままあります。

自分に対しても、平気で嘘をつけるのが、人間です。

周りの人に嘘をつくのはわかります。でも人は、頼まれてもいないのに、つく必要もない嘘を、なぜか自分に対してついてしまうのですから困ったものです。嘘をついているという自覚もなしにやってしまうこともあります。たぶん無自覚のうちに、記憶を改ざんしてしまうのです。いつの間にか、心にもないことを心の中で口走ったり。テキトーな、それらしいことを語ってむしろ得意な顔をしてみたり。多少違っていても誰にもバレないと思っているからでしょうか。人は「それらしさの引力」に吸い寄せられて、いろんなことをもっともらしく話したり書いたりしているのです。気晴らしのSNSならそれもまた一興ですが、仕事でそれをやる人がけっこう多いような気がします。それらしさの引力は強大な吸引力でわれわれに迫り来るのですが、それに容易く身を委ねてしまうのは、なぜなのでしょうか。

考えたり、思い出したりすることは、思いのほか体力が必要です。口にしたことが、あれ、なんか、本心と違うぞ、と感じたことはありませんか。でも、まあいっか、とやり過ごしてしまったことはありませんか。自分の中の本心を正しく把握し、さらに言語化することは、けっこう骨の折れる作業ですから、日常的にはやり過ごしたっていいのですが、本当のことを知りたいときは「違うかも」と思ったらそのつど立ち止まってください。

人間は基本的には、忘れっぽくて、アバウトで、面倒臭がり。そのうえさらに、何の悪気もなしに記憶や歴史を、いまの自分に都合よく改ざんし続ける生き物である。そのことを忘れてはいけません。「人間はおっちょこちょいなのだ」。私はいつもそう考えていて、どんなに偉いと言われている人の発言も、そういう目で眺めているところがあります。

例えば「映え」ってありますよね。素の自分よりちょっと格好よく見せたい、かわいく見せたい、おしゃれに見せたい、いいねとひとりでも多くの人に思ってもらえる写真を投稿したい。映えを求める気持ちって、そんな自分以上の自分を周りに見せたい感情のこと。ですからそれ自体は罪のない、いじましい欲求なのですが、ことは写真にとどまりません。

また、アンケートに回答するときなども、ペンを持った瞬間、同じようなことが起こります。周りからどう見られるかを気にしながら、ちょっとだけいいことを言おうとします。匿名のアンケートだったとしても、そこにいるのは、「いいほうの自分だけ」を、つとめて記入しようとする自分です。

人は、写真だけではなく、言葉においても「映え」を求めてしまう。

そのためにちょっとずつ盛ろうとします。誰しも思い当たることだと思いますが、この「ちょっとの誘惑」を自分の意思でどれだけ断つことができるか。ただただ澄んだ心で、素直になれるか。そして、どれだけ、ぶざまでかっこ悪い自分であっても、加工しないでさらけ出せるか。真実に近づくためには、そういう意識を強く持ち続けることが大切になってきます。

コピーを書くぞ、だから自分に取材をするぞとなったときには、かなりの勢いで自分を疑ってみてください。自分が自分に嘘をつくわけがない、自分のことは自分がいちばんわかっているのだから、という思い込みをまずはばっさり捨ててください。刑事の自分が、しつこく、しつこく、犯人である自分に詰問するのです。そしてとことん追い詰めて、本当のことを吐かせるのです。「ひとり取調室」とでも言うんでしょうか。私はこの作業を何より大切にしています。

自分自身が広告のターゲットに当てはまらない場合も、必ず自分に取材します。想定されたターゲットとは性別、年齢、立場がまるで違ったとしても、人間の根源的な願望や欲求はほとんど同じだと思うからです。

私自身が自らに問いかけて書いた文章をご紹介します。「大人たばこ養成講座」というJTの広告が2002年に書籍化されたときの「まえがき」にあたる文章です。広告は企業から発信されるものですが、極めて個人的な感情を大切にしました。いま読むと恥ずかしいのですが、このとき心掛けたのは、気取った前口上にはしたくないということ。三十代前半の自分の、嘘偽りのない「等身大の気持ち」で綴ること。本の表紙に名前が記されているわけでもない、裏方であるコピーライターが、三十男として書いた、冗談のような、本気の手紙のつもりです。

ふだん着のお作法を。（具体例つきまえがき）

たとえばコンビニである。

用もないのに立ち寄ってしまうあの魅惑の

24時間商店である。カップめんやおにぎりで腹がふくらみ、グラビア雑誌で愚息もふくらむ。そんな若人のひざ枕にも、ひとつ落とし穴がある。事件はいつも、おつりをもらうシーンでやってくる。こちらが差し出す手のひらの上空1センチか、2センチか。ポトリとそこから手のひらに、小銭を落としてくる店員がいるのだ。さい銭箱かオレは。抗議するほどではないが、しみじみとした苛立ちと悲しみが、ミルフィーユのように降り積もる。そもそもだ。お客さんにふれるかふれないかのタイミングでそっと手をはなす。小銭がかすかに手のひらをくすぐる。ウフッとなる。これぞ清く正しく美しいおつりの渡し方。お作法の基本である。レジが免許制だったら、試験10点ぶんである。コンビニに限らない。お金を投げてほめられるのは銭形平次だけだ。

かといって人の手を包むようにお金を渡してもいけない。
恋しちゃうもん。
帰り道。夜空を見上げて思うのは、
人と人のあいだにある2センチのことだ。
宇宙はあきれるほど広いというのに、人間は
たった2センチのなかで、時に怒ったり、笑ったりする。
雑誌広告として回を重ねる「大人たばこ養成講座」も、
そんな身近で些細な物事に関する、絵と言葉の注意書きだ。
1ページずつゆっくりめくってもらえたら、嬉しい。

25

ちなみに本書は、その中身においても、下ネタの含有率が高めにできているのですが、これをつくっていた当時は、かなり本気で下ネタ含有率の向上に努めていました。だって多くの人間は、まじめな顔をしているときですら、とんでもないことを考えているに違いないのですから。だからこそ、その真実を広告にきちんと投影するんだ、なんてことをいたって真面目に、使命のように考えて取り組んでいました。

若気の至りに他なりませんが、でもその考え方やスタンスは、いま見ても全然間違っていなかったと思っています。「人間ってそういうものでしょ」と、いまでも確信をもって言えるからです。さて、ちょっとしたエロスの次は、タナトスの話をします。

課題のなかの、真理をさがす

ある生命保険の広告で「人が死ぬこと」をテーマにしたプレゼンテーションを行いました。クライアントから「死」をテーマにしてほしいと言われたわけではありません（先方はそんなこと、一切考えてなかったと思います）。オリエンテーションは、もっと穏当なものでした。その会社が、保険という商品に込めた思いを企業広告にしてほしい、というシンプルでまっすぐなものでした。

ただでさえ金融企業は、保守的な表現を好む業界です。これは批判と捉えられても構わないのですが、とりわけ銀行は美辞麗句大好き企業がつどって群れをなしています。だから金融系の広告はどれも同じに見えるのですが、それは向いている方向が同じだからです。

リーマンショック以降はリテール（個人の消費者）を大事にすると言っていますが、いまだ主眼はそこにはないので、どうしても失点のない広告・広報活動にいそしむ傾向がいまだにあります。

でも、生命保険というものの本質を考えれば、その真ん中にあるのは「死」と「お金」です。そのど真ん中にある価値を、どうにかテーマとすることはできないだろうか。

そんな思いを抱きつつ、このクライアントに向き合いました。日頃の取り組み、社員一人ひとりの心構え、さらには企業トップの心からの言葉（会社案内で泣いたのは、生まれて初めての経験でした）を読んだとき、このクライアントなら無理せずに「ど真ん中の本質」を語れるはずだと思えたのです。

担当者には喜んでいただいて、いったんは案が決定したのですが、出稿の直前にストップがかかり、実施には至りませんでした。なので、ここでは企業名は伏せて紹介させていただきます。

――

人は死ぬ。愛は死なない。

――

いちばん、考えたくないことかもしれない。
口にするだけで、気持ちがふさいでしまうかもしれない。
そもそも元気なうちは、何ひとつイメージできないかもしれない。

死について考える。それはとても困難なこと。
それでも、すべての人の人生に、いつか必ず、死は訪れる。
だからこそ、目を背けずに、見つめてほしい。
先送りせず、思いをめぐらせてほしい。

自分がいなくなった世界。そこで、自分の愛する人は、
どういう日々をすごしているか。何を思い、何を語らい、
どういう夢や希望を抱いて、生きているかを。

そう、死について考えることは、未来について考えること。
愛する人の、それぞれの将来に想いを馳せること。

そしてその時、たとえ自分がいなくても、家族を守りつづけたい。
そういう想いがあふれてきたら、それこそが、愛だと思う。

その、あなたの想いを想いで終わらせることなく、そこに確かな形を与える。型どおりのプランではなく、ひとりひとりの想いに沿った提案をする。私たちプランナーの、それが使命と責任です。

生命保険は、ただの商品ではない。
あなたの胸の中にある、愛そのものである。そう本気で言える人間が、プランナーという仕事をしている。
そのことだけは、覚えておいてください。

26

広告の世界では、ほとんど人が死にません。死は決して避けられないものなのに、すべての人に必ず訪れるものなのに、広告の表現においてそれは、見えないところにいつも隠されているのです。

広告で描かれる人の多くは、容姿にすぐれ、とてもおしゃれで、友人もたくさんいます。そして基本的には、健康で、元気で、いつもにこにこしています。広告とは、きわめて偏った、型にはまった表現なのです。

ニュースにはニュースの、バラエティーにはバラエティーの、ソーシャルネットワークにはソーシャルネットワークの、それぞれに個別の偏りがありますが、広告はとりわけ類型的で極端に光を好む世界です。そういう言説空間、表現世界において、いちばんに蓋をされ、ないものにされてしまうのが、「死」なのではないでしょうか？

広告は、もちろん現実の傾向に合わせてつくられています。死は、広告の世界だけでなく、現代の生活からも遠ざけられています。家で死を迎える人も減りました。同じ町内であっても、誰がいつ死んだのかよくわかりません。教育も、死を積極的に教えようとしないし、むしろネガティブなもの、よくない出来事として伏せている気がします。もっと言えば、メディア全般もそう。これほど声高に健康のすばらしさを日々喧伝するのに比べて、死について語る時間と熱量はあまりにも少なすぎます。

言い方を変えればいま、メディアが発信する情報のほとんどは「生（せい）の情報」に強く片寄っているのかもしれません。生きている人に役に立つもの、生きている誰かの金銭になるもの、いまを生きているわれわれが「すぐ手に入れられる幸福感」に直結するものでなければ、価値の低いものと見做され、たちまちメディアの限られたスペースから退場を命じられてしまう。そしてついには、現世のお役立ち情報だけが場を占領している時代、ともいえそうです。

現実の世界にも、広告の世界にも、厳然と存在する驚くほどの片寄り。そこに微かではあるものの違和感や息苦しさを感じていた私は、いつか、きちんとした形で、広告表現の内側に、死を手繰り寄せたいと考えていました。広告の世界を、死がふつうにある世界にしたいのです。

人の死と向き合うことによって生まれた生命保険。生と死のキワに立つ金融商品。その広告だからこそ、死についてまっすぐに向き合うべきだ、とも思っていました。さらには、生命保険とは何かを考えたとき、それは極めて大事な何かだとも思ったのです。人生が終わった後に届けられるある種のサプライズギフト。自分がいないのに、いないからこそ伝えたい、最後のメッセージ。

そして本当に残したいもの、伝えたいものはお金の他にもあった。だけど、それを十二分には伝えられなかった、という苛立ちや後悔のようなもの。それゆえの「せめてもの」

という思い。人が人に思いを伝えきることの絶対的な困難。
その「ままならなさ」を宿命として背負いながらそれでも諦めないのが保険だと思ったのです。「この世でいちばん切ない金融商品」とも言える保険の価値を、その、切なさに見合った表現で浮き彫りにしたいと考えたのです。

クライアントが発信したいことと、真理には必ず接点がある。事前のオリエンシートには書かれていなくても、そこには絶対、重なるところがあるのです。それを探しあて、提示すること。その際見つけた真実が後ろを向いていたりそっぽを向いていたりしたら、前向きにしてあげること。それが、コピーライターのするべきことだと思っています。真理、真実、本当のことならなんでもいいわけじゃない。「読後感の設計」が大切だと言ったのはコピーライターの玉山貴康さんですが、最後には負ではなく正の感情を抱いてもらうのが広告の永遠の鉄則です。そのためにコピーライターは、このすぐ後の項目で述べますが、リスクを恐れない大胆さと、強靭なプラス思考が求められるのだと思います。

愛は、人生より長い。

27

これは、『孫の力』という雑誌の中吊り広告で書いたコピーです。ターゲットは言うまでもなく孫を持つ高齢者。メインは、おばあちゃんよりおじいちゃん。ですから「人は死ぬ。愛は死なない。」と言いぶんはまったく一緒、発想もまったく一緒なのですが、ただこちらは、それを穏やかに表現したもの。いっぽうで「人は死ぬ。愛は死なない。」はオブラートに包むことなく、むき出しで表現したもの。表現上のその違い、おわかりいただけますでしょうか。広告のメッセージはすべて、メッセージ単独で存在することはなく、企業名や商品名がセットになって、意味の全体を形成します。いわば、コピーと名前の掛け算です。

企業名・商品名は、メッセージの最後に来る、重大なメッセージ。

広告の場合、企業名・商品名をアピールするのが目的ですから、おのずと「企業名もコピーの一部」または「コピーの締め」として受け取られるのです。だからつねに、メッセージと商品名・企業名との「相性」が大切で、双方が掛け算されたときの化学反応を検証したりします。

同じメッセージでも、発信者が変われば、まったく違う意味になる。「愛してる」というキザなセリフを、イケメンが言うのとお父さんが言うのとじゃ印象が異なるばかりか、意味だって変わってくるのと同じです。

雑誌名が来るか、保険会社の名前が来るか。それぞれに「掛け算」を意識して、双方にふさわしい言い方を探したつもりでしたが、生命保険に関しては、踏み込める強固な土台があると信じて、あえて「死」という単語を提案してみたのです。

ちなみに、こういう思い切った提案は、クライアントから求められるからやるわけではありません。ほとんどの場合は、求められもしないのに、やる。つまりオリエンにはないことをあえて提案し熱心におすすめするのです。

「作品（広告を作品と呼ぶのは好きではありませんが）になるようないい仕事ばっかりでいいね」なんて言われたこともありますが、事実は違います。そんな都合のいい仕事はほとんどありませんが、いつだって手応えのある大きなメッセージにしようと思って、課題の中の、時代や真理をとことん探していくのです。

真実さえあれば何もこわくない

「人は死ぬ。愛は死なない。」それはまごうことなき真実です。自信も確信もありましたが、出稿は実現しませんでした。広告は芸術表現ではなく、企業の広告広報の一環です。表現上、ひとりの思いが大切ですが、ひとりの思いだけでなんとかなるような代物ではありません。

クライアントが最後の最後に躊躇したのは、たぶんそこにリスクを感じたからだと思います。もしかしたら、私が仕掛けようとした作為が勝ちすぎていたのかもしれません。それも充分に計算したうえでの提案でしたが、広告はどこかマリアージュのようなところがあって、無理な力が働くとうまくいきません。うまくできています。

真実とは何か。リスクとは何か。それを突き詰めたところで書いたコピーを紹介します。2018年、GODIVAがバレンタインデー前に出稿した新聞広告のコピー、原野守弘さんとの共作です。ただ表現上は、ゴディバ ジャパンのフランス人社長ジェローム・シユシャン氏の名義で書かれた手紙、という体裁をとっています。

日本は、義理チョコをやめよう。

バレンタインデーは嫌いだ、という
女性がいます。その日が休日だと、
内心ホッとするという女性がいます。
なぜなら、義理チョコを誰にあげるかを
考えたり、準備をしたりするのがあまりにも
タイヘンだから、というのです。気を使う。
お金も使う。でも自分からはやめづらい。
それが毎年もどかしい、というのです。

それはこの国の女性たちをずっと
見てきた私たちゴディバも、肌で感じてきたこと。

もちろん本命はあっていいけど、義理チョコはなくてもいい。いや、この時代、ないほうがいい。そう思うに至ったのです。そもそもバレンタインは、純粋に気持ちを伝える日。

社内の人間関係を調整する日ではない。

だから男性のみなさんから、とりわけそれぞれの会社のトップから、彼女たちにまずひと言、言ってあげてください。

「義理チョコ、ムリしないで」と。


気持ちを伝える歓びを、もっと多くの人に楽しんでほしいから。

そしてバレンタインデーを、もっと好きになってほしいから。愛してる。好きです。本当にありがとう。そんな儀礼ではない、心からの感情だけを、これからも大切にしたい私たちです。

バレンタインデーを、好きになってください。

GODIVA

28

SNSでのネガティブな反応。批判、炎上。広告を打ち出すうえで、こうした反響はいつでも起こりうる時代になりました。匿名性の問題はいま法制化に向けて活発に議論されていますが、SNSに投げ出される言葉は依然未成熟で、暴力的なものも散見されます。でもそれは皮肉なことに、ひとりが発する言葉だからこそ、一種の説得力とインパクトを持っています。前述したように「ひとりの人の文章」は強いのです。もうちょっと別な言い方をすると、

組織の人は、ひとりの人の文章に、弱いのです。

炎上ははっきりとした基準があるわけではないので、こちらのスタンスによるところも

大きいのですが、それがきっかけで、広告出稿を取りやめるケースもあります。

マス広告の世界は、消費者側から意見されることをそもそも前提にしていません。だから慣れていないのです。テレビや新聞といったオールドメディアは、いい悪いにかかわらず一方通行のメディアですから、情報の送り手はずっと送り手のまま、受け手はずっと受け手のまま。役割がはっきりと分かれているのが特徴です。

ですから双方向コミュニケーションの場は限られていて、例えば企業は、お客様相談室などで一人ひとりの顧客と向き合うのが基本となります。そこで対峙するのは「メディア化した個人」ではなく「個人としての個人」です。だから真摯にマンツーマンで対応すればそれでよかった。

企業がいま、対応に苦慮しているのは、言うまでもなくメディアとなった個人。声を拡散させて、ときには大きなうねりとなってこちらに向かってくる個人です。世論という最大勢力をバックにされたら、その姿形はつかめなくても（いやつかめないからこそ）、企業は恐怖します。

いまの時代、そういえば、「適切な外野の声」というものがなくなりましたね。わきまえた外野がいなくなりました。内野（当事者）と外野（部外者）の境界線がなくなって、すべての声が当事者としての関わりを求めてくるので、いつだって混乱しやすい環境になりました。要するにいつも場内で乱闘をしているようなものです。

言論の治安が悪くなると、そしてみんながクレームを怖がると、表現は必ず萎縮します。いま、つくり手が直面している問題は、みんながクレームや炎上のことばかり考えて、つねに怯えていることです。理想や理念、誰かを楽しませようとする企みや遊び心の多くは、どこかにいってしまいました。そうなると、とにかく無難、当たり前、きれいごとなどが幅を利かせます。または、英語を使って、雰囲気でごまかそうとします。これも無難表現の典型です。

つくり手がどうなるかと言うと、クライアントの顔色ばかりを見るようになります。クライアントはクライアントで、文脈を無視した一言一句のネガティブチェックをはじめてしまうので、ついには言葉も人間も萎縮し切って呼吸できなくなるのです。これはクリエイティブの人間に限った話ではないのですが、

クライアントの顔色ばかりを伺う人は、
答えがクライアントの頭の中にあると思っている人です。

そこにしか答えがないと信じて疑わないかたくなな人、自分で責任を背負いたくないと思っている逃げ腰の人。どちらのタイプも、どんどん増えている気がします。

そうはいっても、答えをクライアントが持っているのは当然じゃないかと、いぶかしがる人もいるかもしれません。たしかに、クライアントの頭の中にも、答えはあります。でも、そこで見つけた答えが、自分の頭の中にもなければ、それは最終解答ではない。片方ではなく双方に共通する感覚、感情、意見であることが、何よりも大切です。

自分は全然そう思わない。何度聞いてもピンと来ない。むしろ反対意見である。だけど、クライアントが言ったからとか、命令だからとか、偉い人がそう思ってるに違いないからとか、そういう姿勢で答え探しに明け暮れるのは最悪です。あまりにも主体性がないのが問題なのではなく、いい結果を生まないのが問題なのです。

四半世紀のあいだには、私も数え切れないくらいその最悪をやりました。そうするしかない状況も存在します。でも、クライアントの頭の中にあるものだけでつくった広告が、強く機能した試しがありません。そこそこのものができるなら妥協にもまた意味があるのですが、そこそこのものさえできない。伝達効率の悪いものが出来上がる。結局は、クライアントを損させてしまうのです。

答えはいつも、クライアントと自分の、両方の中にあります。その重なるところに答えがあって、そここそが真理の住処です。クライアントと自分の重なるところを探せばそれが、ターゲットの気持ちとも自ずと重なることになります。

ただ、重なるところを探すと言っても、この章の冒頭で書いたように、まず優先すべきは自分です。クライアントの気持ちから探るのではなく、自分の中にある感覚や感情を探ること。その順番をくれぐれも間違えないこと。

そこを間違えると、結局は相手のことを考えすぎて、囚われすぎて、自分の本当の感情がわからなくなります。そのくらい、自分というものは危うい。自分のことは自分がいちばんわかっていると過信するのは禁物です。

まず、自分を見つめる。そこで手応えのある答えが見つかれば、それですべてが終わったようなものです。クライアントとの重なるところも、まさにそこ。自分ひとりの中にある答えこそ、きっと、みんなの中にもしっかりと存在している答えなのです。

千人に聞くよりも、自分ひとりに聞くほうが、千人の気持ちがわかる。

そのことを肝に命じてください。この発想は、ターゲットから発想するやり方とも違って、ターゲットを詳しく見つめる姿勢とは真逆に見えるかもしれません。でも、それが、特定のターゲットの気持ちに近づくためのいちばんの近道だと考えています。

「ターゲットは、全員」。どんなジャンルの、どんなターゲットの仕事でも、私はいちいちセグメントせず、これくらいの気持ちで臨んでいます。ちょっと乱暴に聞こえるかもしれませんが、これだけは言っておきます。真理はいつだってオールターゲットに刺さるのです。

ゴディバのメッセージにも、きっとリスクはありました。いままで自分がしてきたことを否定されたような気がして不快に思う女性がいるかもしれない。小売店をはじめとする流通の方々の反発だってあるかもしれない。

でも「義理チョコをやめよう」というこのメッセージは、何よりも、困っている人、悩んでいる人、なのに声を上げられないでいる女性たちの側に立っています。少なくとも、チョコレートをたくさん売りたいだけのメーカー都合ではありません。女性の側に立つ。その立ち位置の確かさと、「これしかない」という揺るぎない気持ちが私たちの中にあったこと。そして世の中にも本当は、そんな気持ちがあったからこそ、クライアントも大いに賛同してくれたのだと思いますし、結果的に出稿後の、社会的な賛同も大きかったのだと思います。

義理チョコを買う人には、社内の人間関係を大切にしたい気持ちがある。でも、どうしてこんなことしてるんだろうという、もどかしさもある。ターゲットの中にある相反するふたつの気持ち。それをまず理解すること。そのうえで、どっちの気持ちに寄り添うほうが、やさしいか。それを考えれば、おのずと立ち位置は決まります。

明らかに誰かのためになっている。誰かの幸せにつながっている。それが確信できれば、メッセージは完成したも同然です。まごつくことも、恐れることもない。「やさしさ」に基づいたメッセージなら、時代を問わず、問答無用です。

ゴディバのコピーをつくるにあたって、まず考えたこと。話し合ったこと。それは意外かもしれませんが、「金属疲労」や「賞味期限」についてでした。

見渡せばこの国は、いま、至るところで金属疲労を起こしている。戦後に生まれたさまざまな制度や価値観にガタが来ている。あるところには錆が出て、あるところには亀裂が生じ、もう少し進行すると大きく崩壊するのではないか。それは働き方にも生き方にも、暮らし方にも愛し方にも侵食していて、各箇所がいままさに悲鳴をあげているのではないか。そういうことを、まず話し合ったのです。

バレンタインデーも、もしかしたら、そのひとつかもしれない。お中元やお歳暮は、ビジネス目的がメインとなって、だんだんと儀礼性を強めていきました。本当に世話になった人への感謝のしるしとしてあった日本文化は、形骸化することで、ひとつの使命を終わらせようとしています。冷静に考えれば、バレンタインデーもその後追いをしているように見えます。本来の目的を離れ、形だけのものになろうとしている。そのことに気づいたのです。

バレンタインは、もうすでに、終わっている。

話し合う中で、このことが、バレンタインデーというイベントの、偽りのない真実だということがわかってきました。義理チョコとはつまり、半強制的な儀礼として、女性たちを困らせている。悩ませている。義理が義務になっている。だとすれば、これは率先して声を上げるべきだとの結論に自然と達したのです。

しかもその声を、チョコレートをつくる企業が発信すること。ふだんは予定調和ばかりをやっている広告の場でそれをするからこそ、異彩を放つことになります。ＳＮＳを中心に、物議を醸すことにもなります。たぶんこの新聞広告は、実際の新聞を見た人よりも、SNSを通じて見た人のほうがはるかに多かったでしょう。それが新聞広告の、今日的な価値なのかもしれません。いずれにせよ、思うのは、真理は広く社会に響くということ。広告には、社会を変える力がある、ということです。その手応えを味わえたことが、制作者としてのいちばんの収穫だったかもしれません。

広告でありながら、販促という制度そのものを疑ってみる。いらないものはいらないと宣言をする。そうすることで、むしろ本来の必要なところ、どうしても残すべき魅力や美点や存在理由を改めて際立たせることができる。真理や真実を打ち出すことは、広告にそういった「前向きな批評性」をもたらすとともに、メッセージのエネルギーを、投資以上に増幅させる決定的な力となります。

29

わたしは行かん。

これは岩崎さんが昔つくった西武百貨店（当時）のバーゲンのコピーです。当然ながら、バーゲンに行かない人もいる。世代によってはむしろ行かない人のほうがはるかに多い。なのに広告はついそのことを忘れ、さもみんなが行きたがっているかのような顔をしたがる。広告が生来持っているそんなクセを、さらっと正して、真実を明らかにするコピーです。

ついでに言うと、真実とは、隠すものがない人間に宿るものです。であるならば、企業もそれに倣うべきです。隠すものがないメッセージを努力して発信し続けること。その継続的な取り組みがいちばん真実として伝わるのではないでしょうか。

「違い」ではなく、「同じ」を語りたい

「日本と外国は違う。」「日本はこんなに外国より優れている。」テレビでそんな企画の番組をよくやりますよね。そういうものを見て、なんとなく気分がよくなる、束の間特別感に浸るのは、いまこの国の自信のなさをケアするものだと思えば、わからなくはないのです。でも、それはよくよく考えるまでもなく、根拠のないもの、独りよがりやご都合主義

がほとんどです。

これほど礼節を重んじる国は他にない。
これほど手先が器用な国はない。
我々は神に選ばれし民である。

そんな気がするレベルのことでも、あえて言い切ることでカタルシスが生まれます。断言されればこそ、勢いよく心が浄化する。それをテレビは熟知していて、わざとやります。本当にそうかどうかは、世界中を隈なく調査しないとわからないはずですが、正確性をあえて無視して単純化するのが常套手段です。

根拠のあまりない比較や差別化をテレビは好んで多用しますが、広告ではそれが許されません。自社の利益に直結させる表現が広告ですから、厳しいルールもたくさんあります。

「違い」を語りたい人の気持ちを想像してみると、他との違いが明確でないと個性がなくなると捉えている節があります。違いこそ個性。例えば就職活動のときに面接官から「自己ピーアールをしてください」なんて言われたりすると、他の志願者よりも秀でた個性がないとダメなのではなんて思ったりするでしょう。個性が大事とずっと刷り込まれて生きてきたから、個性がない自分はダメなんだと悩んでいる人もいると思います。自由に生きるための個性に強迫されるなんておかしな話です。

ちなみに多様性という言葉も最近の流行ですが、元は民族、性別、思想信条、身体的特徴のマイノリティなどが差別される事柄に関しての国連からの提言です。ですので、何にでも当てはめようとするいまの風潮には違和感を覚えます。多様性とはあらゆる違いを認めたうえで、結局は「人間は同じである」という認識に至ることだと思います。多様性の認識は、そのための途中経過ではないでしょうか。

いずれにせよ広告は、自らに注目してもらうために、違いを明確にしようと、あらゆる知恵を絞ります。でも、執拗に違いを述べ立てるだけで、果たして人の心は動かされるのでしょうか?もちろんそれを必要とするときはあります。スペックで何かを選ぼうとしている人には、性能や機能の違いは、何よりも大切な情報です。でも、いまの時代は、どれを選んでも大差がない。ほぼすべての商品がよくできていて、どれを選んでも、正直、さして困らないのです。

少し逸れますが、各ジャンルの商品をメーカーへの忖度なしでテストして批評を加えた

『暮しの手帖』。戦後すぐに生まれた伝説的な生活雑誌のテスト企画が、21世紀を待たずしてその使命をはっきりと終えたのは象徴的な出来事であり、それはある種の「スペックの終焉」を告げていた気がします。当時のスペックの違いは、いまでは考えられませんが、もっと深刻な問題で、ときにいのちにかかわる大問題でもありました。当時の人には、だからこそ「反広告的な情報」が切実さを伴って、熱烈に迎えられたのでしょう。

機能、性能の進化はもちろん大切です。すべての進化と、そのための努力は、惜しみなく称賛されるべきもので、この先も続いていくべき取り組みです。ただ、進化に努めることと、それを広告の主題に据えることとは、別に考えたほうがいい。

なのにいざ広告をしようとすると、違いを打ち出さなくては、という強迫観念に駆られてしまう企業も多いのです。いまどきは企業もバブル期のような余裕がありませんから、なおのことそう考えてしまう傾向がそこにはあるのかもしれません。

繰り返しになりますが、物性に密着し発想するのは、正しいことです。それが広告本来のまっとうなやり方です。そうなんですが、結局のところ広告は、物性やスペックを理解してもらうのがゴールではない。商品を選んでもらう。リクルーティングなら、企業を知ってもらって選んでもらう。共感を得て、好きになってもらうのがゴールです。

だからこそ「違い」だけではなく「同じ」にもこだわりたいと思っています。共感があれば、人の心は無理なくスムーズに動きます。「違い」より大きなパワーが「同じ」には宿っている。『北風と太陽』。あの物語と同じ原理で、何かを無理に押し付けるより、人には気持ちよく共感してもらうほうが断然、心を動かせるはずだからです。

コピーの基本スタンスは、人をあたためる太陽政策です。

そのために必要なのが共感です。共感は、受け手にこちらの言い分を納得してもらい、好きになってもらうための、太い回路をつくることです。最近、私自身がいいなと思った広告に、タクシーの動画広告で出会いました。それはリクルーティング系企業の広告で、キャッチコピーが「共感採用」というものでした。なんでこのコピーにハッとしたんだろう。それを考えて思ったのは、やはり「違い」と「同じ」についてのことでした。

高度経済成長以降の日本は、その終焉を迎えてもなお、違いが尊重されていました。学生は「いい会社」に入ろうとしましたし、会社は「いい学校」の学生を採ろうとしました。他よりも「いい会社」、他よりも「いい学校」。あいつより「いい会社」、あいつより「いい学校」という、漠然とした、それでいてとても強固な「差別視点」を、みんなが受け入れていました。
ちなみにバブルの頃なんてもっとひどくて「三高」などという言葉がマスコミでもてはやされていましたね。高身長、高学歴、高収入ですから、ものの見事に男性を数字的な高低に振り分けるという、容赦のない振る舞いを悪気なくやっていました。
いい会社。いい学校。いまにして思えば驚くほど単一的な物差しですが、それがほぼ常識として通用したのは、会社も学校も学生も家族もふくめた社会全体が、たったひとつの価値観を共同で信じていたこと。それで支障なく、社会が回っていたことを意味します。「いい学校。いい会社。いい結婚。いい人生。」という一本道の最強スローガン。それを全員が信奉し邁進したことで、いまの日本になったとも言えます。

いままでの採用は、行き過ぎたスペック採用だったのではないか。

それはお互いがお互いを、偏差値や人気企業ランキングなど数字に置き換えて、品定めをする眼差しです。景気不景気によって、需給バランスは入れ替わるので、売り手市場と買い手市場はつど入れ替わるのですが、お互いを値踏みするその冷めた目は変わることがなかったわけです。共感採用は、それに対する違和感の表明であり、具体的代替案です。

数字では推し量れない、気持ちの問題。スペックよりも大切なもの。そこに立ち返ろうじゃないかという至極まっとうな訴えなのです。

マッチングという言葉が頻繁に使われ出したのも、昔のやり方に双方が行き詰まったからに他なりません。結婚相談所のように対等性が謳われはじめたわけです。

何をするかではなく、誰とするか。という言葉がありますよね。気の合う会社と言うとカジュアルすぎるかもしれませんが、同じものが好きだとか、やりたいことが一緒とか、ビジョンを共有できているとか、そういう基準での会社選びをしたほうが幸せになりやすい。そんな時代なのだと思います。

大局的に見ても、「違い」がエネルギーになった20世紀から、「同じ」がパワーになっていく21世紀に移行したのだと考えています。あなたも私もここは同じだよね。アメリカ人も日本人もここは同じだよね。男も女もここは同じだよね。そうやって根本は同じであることを逐一示せたら、人と人の距離は、いまより縮まるのではないかとなかば本気で考えています。

ここでサンスターのステートメントをご紹介します。サンスターの新聞企業広告です。

コピーライターは児島令子さん。ハミガキなどの口腔衛生商品で有名なサンスターが、人生100年時代におけるオーラルケアのさらなる重要性について謳っています。もちろん企業広告ですから製品の細かな性能や他社との違いなんかは当然語らないのですが、これだけの大きな話をこれだけの言葉数でまとめきる、言葉のチョイスの正確性と、接続詞を削ぎ落とす大胆さには感動すら覚えます。国や人種や性別に関係なく、すべての人が同じように抱ける希望が、ここには簡潔に綴られています。

口は、生きるの1丁目。

人生が100年になってゆく。
人生を100%楽しめますか？
100年食べる。100年しゃべる、笑う。
毎日のオーラルケアで、
それが目指せるとしたら？
あたりまえの日々の習慣が、

全身の力になると知ったとき、
人のカラダはすごいなあと、
人はじぶんに感動できる。
あしたのhealthは今日のmouthから。
サンスターにできることは星の数。

１００年mouth
１００年health

30

そして、この本では次の次の節で紋切り型について語るのですが、児島さんほど、コピーライターが安易に陥りがちなクリシェから遠い人はいません。「口は、生きるの一丁目。」というキャッチコピーもそうですが、ありきたりには絶対しないぞという決意というか覚悟のようなものが、児島さんのコピーのすべてから伝わってきます。
それなのに、言い分がニッチにならず、ど真ん中をついてくる。善がった作家性とも違う。ＬＩＮＥモバイルの「愛と革新。」、全日本空輸「あんしん、あったか、明るく元気！」、富士フイルム「肌時間旅行へ。」、トヨタ自動車「21世紀 My Car。」「水と、空気と、ヴィッツ。」、クロスカンパニー（現・ストライプインターナショナル）「あした、なに着て生きていく？」などなど。ぜひとも児島さんのコピーと向き合って、いっときたりとも気を緩めない、闘う姿勢を直接肌で感じてください。

飲み込みやすい言葉に整える

コピーライターの鈴木康之さんによるコピーライティング理論に、ひとつのセンテンスにふたつの意味を込めてはならない、ということが出てきます。

いい文章の古典的なルールに一節一義があります。一節には二つのことを書き込むな、一つの意味で満たせ、二つのことを書きたいのならふたつの節に分けて書け、というルールです。そうしたほうが読む人が読みやすいから、という理由です。

（鈴木康之著『名作コピーに学ぶ読ませる文章の書き方』日経BPM）

アップルの広告を手掛けたクリエイティブディレクターのリー・クロウも、人に何かを伝えるときは、論点をひとつに絞れと言いました。人は、ひとつのボールならキャッチできるが、複数のボールを同時に投げられたらどれもまともには受け取れない。それを本当に紙のボールを投げることでチームに伝えたエピソードは特に有名です。これは、キャンペーン全体の話ですが、一つひとつのセンテンスに置き換えても、その原則は通用します。一節一義は、古典的ルールと言いましたが、じつはこれまでもこれからも通用するもっとも端的で普遍的なルールなのです。コピーライターの一年生が、まず心掛けるのが、この文章作法。私も一年目から一節一義の熱心な信者になりました。

ひとつに絞ることとは、伝えるうえでの、奥義のひとつと覚えてください。

それでは私なりの例えをひとつ。食べやすい大きさに握られた寿司をイメージしてください。それを口に入れ噛むたびに、人はおいしさに包まれます。さらにはそれを飲み込んだとき、このうえない幸せに全身が包まれます。あの、のどごしの擦過感。もしそれが倍の大きさだったとしたら、おいしいでしょうか。あるいは半分の大きさしかなかったら、おいしいでしょうか。

味は、味覚だけじゃない。匂いも関係しているし、食感や摩擦感によるものも想像以上に大きいのです。だから私は文章を考えるにあたって、あの、お寿司を飲み込むときの、心地よい擦過感をよくイメージします。文章も、ワンセンテンスに込める意味の量が大事で、それが適切だと飲み込んだとき心地いい。一節ごとに腑に落ちるから、その先を読みたくなる、というい い連鎖が生まれるのではないでしょうか。私はこれを「お寿司理論」と読んでいますが、聞き流していただいて結構です。

言葉は、飲み込んでもらうもの。咀嚼してもらうもの。文字を、味わってもらうものであるならば、文章を読むという行為自体が、身体性のきわめて高い行為であるはずです。文章の切り方。そこから生まれる、気持ちよさ。リズムから生まれる快楽のようなもの。そういう「読み」の醍醐味は、学校教育では詩の時間にちらっと習う程度なので、みんなして忘れているか、軽視してしまうのですが、私はいちばん大事なことだと思っています。

声に出して読みながら、書きたい日本語。

ちなみに2001年に『声に出して読みたい日本語』が世に出るまでは、私も、言葉と肉体の関係をすっかり忘れていたのですが、このベストセラーが大事な気付きを与えてくれました。この本は日本の暗誦・朗誦文化の危機を憂いながら、日本の伝統的な文化の柱としての「腰肚（こしはら）文化」と「息の文化」について語っています。

「かつては、腰を据えて肚を決めた力強さが、日本の生活や文化の隅々にまで行き渡っていた。腰や肚を中心として、自分の存在感をたしかに感じる身体文化が存在していた。この腰肚文化は、息の文化と深く結びついている。深く息を吸い、朗々と声を出す息の文化が、身体の中心に息の道をつくる。（中略）朗誦することによって、その文章やセリフをつくった人の身体のリズムやテンポを、私たちは自分の身体で味わうことができる。それだけでなく、こうした言葉を口ずさんで伝えてきた人々の身体をも引き継ぐことになる。世代や時代を超えた身体と身体とのあいだの文化の伝承が、こうした暗誦・朗誦を通しておこなわれる。」

これは、この本の後半にある「身体に活力を与える言葉」の一部です。暗誦・朗誦文化の復活を本気で願う齋藤孝さんは世界中の文化を視野に入れながら語り尽くされているのですが、私の言い分は無論到底そこまでのものではありません。あくまでも文章作法の一方法論として、「声に出して読みながら書く」ことを、ぜひともおすすめしたいのです。そうすることで息のリズムが、知らず知らずのうちに文章に投影されます。声に出すことで言葉が音楽になったり、息をすることで運動になったりする。体の機能をより多く使って書いたほうが、自ずと文章に身体性や人間味が宿る。そう思うからです。

岩崎さんも、ステートメントは声に出して読まないとダメだと昔から言っていました。だから私も書きながら、一節ごとに声に出して読み、言葉の響きや文章の息遣いを何度も整え直すようにしています（周りに人がいるときは、小さな声で）。それを続けていると、読む人にストレスの少ない、飲み込みやすい文章になる。さらに極めれば、飲み込むときに気持ちのいい文章になっていきます。

岩崎さんはまた、文章のリズムを考えるとき、やはり手紙をイメージしているとある取材で語っています。参考にしているものはありますか？と問われた岩崎さんは、夏目漱石への名を挙げていました。『幸福を見つめるコピー』のエッセイ部分でも岩崎さんは漱石への思いを綴っています。

実は、僕は十代の頃から手紙文への強い憧れがあった。
高校生の時に漱石の『こころ』に出会い、
その第三章「先生と遺書」の文章の美しさ、
なめらかさ、心地よさに心を奪われた。
それは、それまで読んだどんな
小説からも与えられなかった胸のときめきであった。
手紙文は、なぜかくも美しいのか。
それは間違いなく、手紙の向こう側に
はっきりと人がいることと深い関係がある、と僕は考えている。
つまり、明快に相手が見えているのだ。
見えているから、どこか話しかけることに近く、
すなわち人の呼吸と連動して、
文章の基本であるリズムが生まれやすくなるのではないだろうか。

漱石の一人称の語り口。そして「こころ」の第三章すべてにわたる手紙のリズム。息継ぎをしたいところに「、」があり、大きく息を吸いたいときに「。」がくる。体の呼吸に素直に連動している句読点からは、「先生」の息遣いが聞こえてくるようです。というと、短絡的に話がまとまりすぎている気もしますが、第三章を読むかぎり、息が乱れていない。先生の呼吸は一定のペースを保ちながらとても整っている印象を受けます。

漱石の名を聞いて私がイメージできたのは恥ずかしながら『吾輩は猫である』と『坊っちゃん』だけでしたが、なんとなく『こころ』のリズムも想像がつきました。漱石は明治を代表するインテリでイギリスに留学もしましたが、漢学の知識もめっぽう深かったそうです。しかも落語好き。それが漱石の文章のリズムと関係しているだろうことは想像に難くありません。それでは『こころ』第三章をさわりだけご覧ください。小声でも構いませんから、声に出してお読みください。

「…私はこの夏あたりから二、三度手紙を受け取りました。東京で相当の地位を得たいから宜しく頼むと書いてあったのは、たしか二度目に手に入ったものと記憶しています。私はそれを読んだ時何とかしたいと思ったのです。少なくとも返事を上げなければ済まんとは考えたのです。しかし自白すると、私はあなたの依頼に対して、まるで努力をしなかったのです。ご承知の通り、交際区域の狭いというよりも、世の中にたった一人で暮らしているといった方が適切な位の私には、そういう努力をあえてする余地が全くないのです。しかしそれは問題ではありません。実をいうと、私はこの自分をどうすれば好いのかと思い煩っていた所なのです。このまま人間の中に取り残されたミイラのように存在して行こうか、それとも…その時の私は「それとも」という言葉を心のうちで繰り返すたびにぞっとしました。」

（夏目漱石著『こころ』岩波文庫「下 先生と遺書」）

紋切り型を捨てる、紋切り型を使う

「コピーライターは、使える言葉をたくさん持っている人ではなく、使いたくない言葉をたくさん持っている人のことだ。」

これは、土屋耕一さんの金言です。コピーライターの本来あるべき特質を、これほど正確に言い表す言葉を私は他に知りません。いまコピーライターをやっている人なら、その通りだと強めに膝を打つはずです。コピーライターというと、人はボキャブラリーが豊富な人をイメージするようです。人が使わないようないろんな言葉を知っている人、難しい漢字を使ったり、気の利いた言い回しがさらりとできる人。しかもそれを、瞬時にできてしまう人だと思われているようです（しばらく瞑想しているとコピーが空から降ってくると思っている人もいるみたいです）。

もちろんライター業の一種ですから、知っている言葉も、駆使できる単語も多いに越したことはありません。でも、土屋さんのおっしゃる通り「この言葉には違和感がある」「いま流行っているけどあの言い回しは嫌いだ」という強いこだわり、信念のようなものが必要なのです。なぜかと言うと、広告のコピーをつくっていると、つねにある誘惑が幻聴として聞こえてきます。「使えば楽になるぜ」と鼓膜の横で囁くのです。

広告の文章は大抵、いわゆる優等生です。きれいごとばかり言いやがって、という反感を買うこともある。先生からは好かれるけれど、周りのみんなからは距離をとられることもある。そういう優等生タイプの言葉ほど座りがよくて、つい使いたくなってしまうものなのです。

本書でもたびたび述べてきましたが、コピーライターは、いろいろなライターの中でもたぶんいちばん、美辞麗句を駆使する仕事。美しく飾った言葉、耳障りのよい言い回し、きどった言い方、過度の慇懃。そういうものを多用するライター業だと思うのですが、それは広告の場においては、きれいごとが強い引力を発するからなのです。

ぼーっとしてるとそこに引き寄せられてしまう。だから一所懸命抗わないと、「美辞麗句まみれ」になってしまう。放っておくと常套句、慣用句がつい増えてしまう。だからできるだけ、言葉選びに高い意識を持って、言い回しを工夫しなさい。土屋さんがおっしゃっているのは、そういうことだと思います。

使いたくない言葉。私の場合、元来がひねくれ者で疑り深いという性格も手伝って(そういえば岩崎さんからよくお前は腹黒いと言われていました)。使いたくない単語がいくつもあります。前向きで明るくて優等生タイプの言葉が嫌いです。胡散臭いというんでしょうか。その単語を使っただけで、何だか自分が嘘をついているような、後ろめたい気がしてしまうのです。でもそういうのに限って、使いたくもなるから厄介なのです。代表的な単語からまず挙げてみますね。

夢。
未来。
絆。
笑顔。
感動。
神。
クリエイター。
イノベーション。
ネットワーク

最初の3つが「本当は使いたくないのについ使ってしまう単語」のベストスリーではないでしょうか。本当は使いたくない。でも、これを使うと通りがよくなる。クライアントからも文句を言われないし、炎上する心配もほとんどないし、ある意味いいこと尽くめなのです。ただ、唯一の欠点は、あまりにも使われすぎて、いわゆるこすられすぎていて、誰の心も動かない、ということです。

味覚、嗅覚、触覚と一緒で、使われすぎた言葉に脳は、どんどん鈍感になり仕舞いには何も感じなくなります。神は「神対応」あたりからいろんなものが神に昇格していますが、これも流行りすぎていますから早晩使われなくなるはずです。自分たちのことを嬉々としてクリエイターと呼ぶ人がいますが、本当にそう呼べるのは創造主である神だけです。「クリエイティブ」まではギリギリ許せるのですが、「クリエイター」は気取ってて偉そうで、どうしても抵抗があります。細かい話なのですが。

環境にやさしい。
人、社会、地球のために。
日本を元気に。
明るい未来をめざして。
あなたはあなたでいてください。

これは嘘偽りの類です。ひとつ目はせめて「環境負荷が少なくなった」と言わなければいけません。人、社会、地球式のスローガンは一時流行って一世を風靡しましたが、これをいまだに使っている企業はめっきり減りました。あまり意味がない、誰にも響かなかったことが使ってみてようやく分かったのかもしれません。

力を合わせて、明るい未来へ、日本を元気に、〇〇ファースト。こんな選挙演説、ありそうですよね。この辺りはとにかく選挙ポスターで大活躍のキャッチフレーズですが、この現象は何なんでしょうか。なぜかくも具体性のない空疎な言葉がむしろ重用されるのでしょうか。ひとつは、広告でもそうなのですが、

受け手の知性をみくびる人ほどメッセージを単純化しようとします。

明るく、前向きで、シンプルな言葉。「どうせバカなんだからそうしないとわからないでしょ」というわけです。行き過ぎたわかりやすさ信仰と、紋切り型フレーズ氾濫の裏には、言葉に無自覚な人だけじゃなく、この手の輩が存在していることを忘れてはいけません。ただ、もちろんのこと、わかりやすいメッセージのすべてが、ダメなのではありません。小難しいことや後ろ向きなことを言いましょうとか、いっそ悪口のひとつも言っといたほうがいまどきは注目されるんです、といった話でもありません。

「もりもりはたらくもりたです」。これは私が子どもの頃に選挙カーから聞こえてきた地元市議会議員候補「もりたさん」のキャッチフレーズです。これを連呼して、もりたさん

は初の立候補でありながら見事トップ当選を果たしました。

　下手なおためごかしより、よっぽど清々しくて、いいと思いませんか。「この街に未来を」「子供たちに笑顔を」とえんえんアナウンスしていたら、きっともりたさんのトップ当選はなかったのではないでしょうか。もっと言えば選挙は、名前を書いてもらうのがひとつのゴールですから、選挙戦略的にも正しい。商品で言えばネーミング訴求。新人候補の戦い方としては、とても理にかなっていたわけです。


　振り返ってみると、私は若い頃から、決まりきった言い回し、紋切り型はコピーで使ってはいけないと教わり、それを極力守って来たつもりです。コピーライター養成講座で講師をするときも、紋切り型には気をつけろと言っています。

　とはいえ、こだわってばかりいると書くことが苦しくなってきて、筆の進みが遅くなる。この言い方じゃ、ありきたりすぎるのではないか、ベタな言い回しを得意げに使っているけど大丈夫だろうか（ほとんど病気です）、そんなことばかり頭をよぎって書くことがもう苦痛で億劫になるばかりです。

　コピーライターは、人の心を前向きにするのが使命。だからどうしても、言葉自体も前向きで前のめりになっていくのですが、そうすると使える語句が制限されます。そのうえクライアントコードや放送コードに削られるのでさらに手持ちが少なくなります。その条件の中でどうしたらいいか。改めてそれを考えたとき、あまり神経質なのもどうなんだろうと、あるときふと思ったのです。

「紋切り型を使うな」もまた、紋切り型になってきた気がして。

思えば、自分が使いたくないと言っている言葉や言い回しだって、訳あって生まれたのです。それをたくさんの人が使いはじめて、みんなが愛用し続けたからこそ、定番、定型と呼ばれるまでの存在に成長したのですから。「紋切り型フレーズは、大いなる実績を持つ、大ヒットフレーズ」と考えてもいいのではないでしょうか。だから、使いたくない言葉に認定して終わり、ではなく、その言葉をどうやったら使える言葉にできるか。いいところを生かして、新鮮味が出せるか。そう考えたほうが生産的だし、実践的だし、書くことも楽しくなると思ったのです。

みんながよく使う言葉には、だからちゃんとした長所があります。まず、相手にすぐに伝わる、という長所。意図するところをたちどころに伝えるという、言葉にとってもっとも大事な性能が備わっているわけです。だから何でもかんでもオリジナルをめざそうとして紋切り型を切り捨てるのではなく、ひと工夫すればいいのです。世の中に浸透している紋切り型と、自分なりの工夫を混ぜていくことで、ちょっとした鮮度やオリジナリティを出せばいいのです。そうすることで、甘いフレーズ、凡庸な慣用句、使いたくないと思っていた前向き単語が、むしろかつての力と輝きを取り戻し、こちらの味方をしてくれるのではないでしょうか。そんな工夫をした事例を3つ、ご紹介します。

夢を発売できないか。
夢に、住所を。
65歳からの、未来。

31

舌にまとわりつくような甘々はいやですが、甘辛だったらむしろ甘みも活きてきます。ひとつ目はホンダのCR－Zというスポーツカーのコピー。夢はホンダが歴史的に大事にする言葉ですが、夢という甘い言葉をそのまま投げ出すのではなく、発売という商業的な言葉と合わせることで、自分なりに「使いたい言葉」にしたつもりです。

ふたつ目は、ダイヤモンド・リアルティ・マネジメントという三菱商事グループの投資運用サービスを提供する会社のステートメントコピーです。不動産「私募ファンド」や「私募リース」を組成・運用する会社です、と言ってもふつうはチンプンカンプンですよね。馴染みのない業種をどうひと言でまとめるか。そういうときに、夢という大きな言葉は大きな力を発揮してくれます。これもひとつ目と同じ発想ですが、夢と住所というかつてない組み合わせを試みたわけです。

三つ目は、岩崎さんとつくった老人ホームのコピー。そのホームは全員でお手玉をするような旧来型のホームではありませんでした。高齢者を「老人扱いしないホーム」のコピーとして、未来という言葉はふさわしかったのですが、そこに65歳という数字を組み合わせることで、茫洋とした未来に輪郭を与えてみました。

いいコピーは裏切りをはらんでいる

127・128ページに挙げた名作コピーに、いくつか新たなコピーを足してみました。いずれも私の頭の中にいつまでも刻まれている、そしていつも参考にさせてもらっている、大好きなコピーたちです。

「地図に残る仕事。」（大成建設）
「一瞬も　一生も　美しく」（資生堂）
「それゆけ私」（サントリー烏龍茶）
「愛は食卓にある。」（キユーピー）
「普通の理想」（岩田屋）
「自然はおいしい」（JA全農　農協牛乳）
「ココロとカラダ、にんげんのぜんぶ」（オリンパス）

32

「バカまじめ。」(日本郵便)
「なにも足さない。なにも引かない。」(サントリー山崎ウイスキー)

どれも企業スローガンかそれに近しいコピーです。商品コピーもありますが、長年使われることで企業の顔になっているような、とても有名なコピーです。しかしながら業種もバラバラ、ターゲットも全然違う、コピーが生まれた年代も一緒ではありません。でも、ここには、ひとつの共通項があるのです。おわかりになりますでしょうか。

それは、どのコピーにも「ムーブマン」がある、ということです。ムーブマンと聞いてもピンとこないと思いますが、ふつうはデッサンや絵画の世界で使われる言葉です。描かれた人物がいまにも動き出しそうとか、あたかもそこにいのちが宿っているように見えるとか、そういった躍動感、生命感を指し示す言葉です。英語ならムーブメント(早くそれを言ってよという声がいま聞こえましたが)。ムーブマンはフランス語です。何となく「ムーブマン」と言ってみたかったのと、ムーブメントだと日本人にとっても多義的なので、人に言うときはこちらを使っています。

では、言葉におけるムーブマンとは何か。それは、デッサンや絵画とまったく同じように、動きを感じる言葉のことです。止まっているものの中に「動いている」をつくるのです。一枚のデッサンも、ひとつの文章も、それ自体は止まっています。そもそも絵を描く、文章を書くという行為は、動いているものを止める、動いている世界をいったん固定する、ということでもあります。

あえて止めることで、動きを宿し、いのちを宿す。目には見えない心の世界を描き出し、そしてそれを人に見せることで心を動かす。人類はそれをずっとやってきたわけですが、なぜそんなことに精を出してきたのかと言えば、私は、それが何よりも、楽しかったからだと推測します。表現行為が持つダイナミックな幸福感に、私が取り憑かれたように、数万年前の誰かも取り憑かれたのだと勝手に妄想しています。

話が逸れましたので戻しましょう。言葉の中に動きをつくる。言葉の中に躍動感、生命感をつくるには何が必要なのでしょうか。それは「そこにみなぎる緊張感」ではないかと思っています。

一瞬、と、一生。

普通、と、理想。
バカ、と、まじめ。
足さない、と、引かない。

通常であれば、同居しないふたつの言葉。逆の意味。または意外性。いままで並べられたことがない、意味の異なるふたつの言葉が接続されることで、いままでにない言い分が生まれ、いままでにない発見が生まれています。どれも、言葉と言葉、意味と意味とが、ぶつかりながら、拮抗している。しなり、たわみ、震えながら、あふれんばかりのエネルギーをその短い文章の中にみなぎらせています。

その、緊張感が、躍動感、生命感に直結するのではないでしょうか。単語と単語を拮抗させる。それは、できるだけ短い文字数で、強いメッセージ、一回で覚えてしまう印象的なメッセージを生み出すことをとことん磨いてきたコピーライターが、自然とたどり着いた文章術だとも言えます。

CMは短い秒数の中で、新聞はめくる手をそこで止めてもらうために、その技術の研鑽に長年努めてきたのです。いいコピーのつくり方は、もちろんそれだけではありませんが、「ムーブマンという考え方があるのだな」とふだんから思っておくだけで、コピーのつくり方、見出しのつくり方は、ずいぶん変わると思います。

ムーブマンとは、短い言葉を強くする、最強のコツ。

そう思っておいてください。ムーブマンという言葉でこの原理を説明しているのはきっと私だけなのですが、ほとんどのコピーライターはこのことを強く意識しているはずです。私の著作のタイトル『「売り言葉」と「買い言葉」』もそういう狙いですし、この本に出てくる「人は死ぬ。愛は死なない。」だって「死ぬと死なない」を対置することで印象を強めようとしているわけです。

もちろん真逆の言葉が並んでいるだけがムーブマンではありません。人をハッとさせるムーブマンには、「常識とは逆のことを言う」だったり、こう来るだろうという「予測を軽やかに裏切る」だったり、意外性だったり。そういうものが、動きのあるいいコピーであると言えます。それを短い言葉にすればするほど、さらに裏切りが凝縮されて強くなります。

コラム③
言葉に、文句を。

「夢」「未来」「絆」「感動」…。明るくて、前向きな、優等生タイプの単語が嫌いだと第3章で申しました。でも、あらためてここに並べて思ったんですが…こういう優等生ワードってどれも、優等生が使うっていうよりむしろ、ヤンキーワードなのではないかと、ふと思ったわけです。

ヤンキーは、ひねりません。接するとおおむねいい子ですから、言葉に対して、疑ったりもしなければ、必要以上に照れたりもしないのでしょう。それって言葉を信じてるってことなのか、言葉と自分が切れているってことなのか。あるいは、とっても大らかなのか。

ヤンキーのメンタリティはよくわかりませんが、コピーライターになるような人間は、多かれ少なかれ、その辺をこじらせて寝込んでますから。言葉のことが好きなのに、素直になれない恋煩い。それをずっとやってるようなもの。単純に、面倒臭い奴です、コピーライター。一度でいいから、寄せ書きとかに、夢とかを語るのが夢なんですが、ま、それができたらもうちょっと、人生のびのびやってるんだと思います。それができないもんだから、いまだ、言葉の迷路を行ったり来たりしてるわけです。

何かに詳しくなるってことは、目盛りが細かくなるってことで。スコープの解像度が上がるのはいいんでしょうけど、弊害として大きなもの、遠くのものとのマッチングがすこぶるわるくなる。ほんとうは、望遠鏡も必要なのに、どうしても目が顕微鏡になってしまって、意識が細部に向かってしまう。いつの間にやら「大きな言葉」を取り扱えなくなるのだと、いま筆に任せて書いてみたのですが、どうなんでしょう。


好きなら好きでいいんです。感情は、こねなくていい。だから私は大好きな本を大好きだから読んでみてってかんじでご紹介します。みなさん、『紋切型社会』という本をご存知でしょうか。私はまずこのタイトルが大好きです。ムーブマンのある、本当にいいタイトル。堂々と組まれた5文字を眺めるだけで大満足。顧客満足度が異常に高い表紙です。

著者は、武田砂鉄さん。彼は言葉を愛する剣豪ですが、武田さんの場合、好きすぎて、怒っています。そういうタイプみたいです。「全米が泣いた」「そうは言っても男は」「育ててくれてありがとう」「ニッポンには夢の力が必要だ」など、私たちの日常に跋扈する紋切型を取り上げて、それが生まれる土壌としての日本社会を批評する一冊。広告や広報もぶった斬られていて、コピーライターとしてはなんとも嫌な気持ちになるのですが、違うジャンルの方からのコピー評はとても新鮮で勉強になります。いや、さすがです。ちなみに、「勉強になります」も「さすがです」も、ビジネスシーンでおなじみの意味を剥奪された慣用句ですが、それはともかく「〝泣ける〟と話題のバラード」の一節をご覧ください。

いわゆる全ての公的な文書に通じる煩わしさとは、要点がどこにあるかを死に物狂いではぐらかすための知恵の総結集にあるわけだが、プレスリリースというのは往々にしてその逆で、言葉を絞りに絞って、案件の魅力を端的に伝えるためにはどのような言葉を並べればスマートになるのかに力が尽くされる。アピールしたい点をそのまんま受け止めてもらうための言葉。プレスリリース作成の指南をナナメ読みすると、つまるところ、ダイレクト性が必要だと言う。学習参考書と同じで、「要約まとめ」が最重要視されている世界。何が要点なのかを人に考えてもらうようではプレスリリースの機能を果たしていない。

（武田砂鉄著『紋切型社会』新潮社）

プレスリリースだけでなく、オリンピックのスローガン、女性誌の中吊り広告、本の帯文、名言ｂｏｔなど。それぞれに投げかけられた確かな怒り。それはコピーライターが職業的に棚上げしてきた感情です。分かりやすいものを求めるあまり、決まり切ったフレーズばかりを重宝する世界。凝り固まった「死んだ言葉」を、柔らかい「生きた言葉」にするために「言葉を、ほぐす」。この本の懸命な誠実さが、私は好きです。

第4章

書くことは、生きること

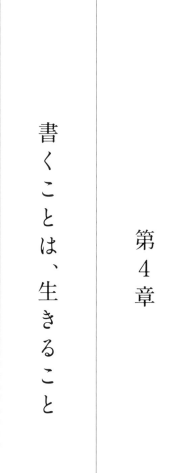

あなたに会えたお礼です

ネクタイを締めたくない。髭を剃るのはイヤ。書く仕事がしたい。なぜなのかはわかりませんが、そんな3つの将来像しかなかった私は、高校を出てからずっと無為な日常を過ごしていました。ひきこもりながら、時々しぶしぶアルバイトで小銭を稼ぎながら、しばらくのあいだ鬱屈していました。ほんとうはずっと放送作家になりたくて、その職にも就いたのですが長続きせず、よーしまた引きこもるぞと思っていた矢先のことです。久々に出かけた図書館でコピーライターという職業の存在と、そのための学校があることを一挙に知ったのです（図書館はいつだってとても静かな先生です）。

これでもう一度書く仕事に就けるだろうという淡い期待と、絶対うまくいくという根拠のない自信と。両方を抱えて、通いはじめた学校の講師のひとりが、岩崎さんでした。

僕が生まれて、母が生まれた。

これは岩崎さんの授業で出された課題「母の日ギフト」に対して私が提出したコピーのひとつです。クラスでいちばん高く評価されてうれしかったことを25年たったいまでも覚えています。そしてその学校の終わり頃、岩崎さんからアシスタントをやってみないかという思いがけない誘いをいただいて、私はめでたく岩崎俊一事務所に入れたのです。入所日は、ちょうど25歳の誕生日。アシスタントではありますが、この歳で初めて正社員になりました。

いまでこそ弟子入りというカタチは少ないのかもしれません。私も弟子入りしたつもりはなかったのですが、当時、コピーライターの個人事務所には、まだ師匠と弟子の関係が色濃く残っていました。師弟とは、正確にいうと雇用に関する制度ではありません。良くも悪くも結びつきの強い人間関係のことです。どこにでもある上司部下、社長と社員の関係に他なりませんが、そこに圧倒的な力の差があると、勝手に師弟化してしまうのかもしれません。少人数の会社ほどそうなのですが、特に私たちは一対一の関係でしたからなおさらそのニュアンスが強くなりました。

そのころの岩崎さんは、業界では知らない人がいない存在でしたが、いま数えてみるとあのときの岩崎さんは、いまの私より若い47歳。そう思うと、何だかちょっと不思議です。はじめからずいぶん大人っぽい印象でしたから。

33

あなたに会えたお礼です。

これはサントリーのお歳暮の広告のために岩崎さんが書いたコピーです。１９８５年の作ですから、岩崎さんが30代後半のときのものです。ボディコピーもご紹介しておきます。

人が、一生のあいだに
会える人の数は
ほんとうにわずかだと思います。
そんな、ひと握りの人の中に、

あなたが入っていたなんて。
この幸運を、ぼくは、
誰に感謝すればいいのでしょう。
あなたに会えたお礼です。
サントリーの贈りもの。

34

まったくの未経験。右も左も分からない。すべてに戸惑っていましたが、見るもの聞くものすべてが目新しくもあり、新鮮でもありました。期待に胸を膨らませてもいました。ただ、事務所に入ってすぐに判明したのは、私には、できることが何もないということ。ショックだったのが、実践の場では自分のつくるコピーなんていっさい何の役にも立たなかったことです。コピーが書けないコピーライター事務所のアシスタント。スタート早々終わってますよね。前途多難とはこのことです。やれることのなかった私は、自然とそうなったのですが、岩崎さんをよく見るようになりました。

「たったひとりの人間をじっと見る」。それを毎日続ける、という経験は、できそうでなかなかできる経験ではありません。ましてや岩崎さんというすごい人をずーっと観察することができたのですから、いまにして思えばこれ以上ないくらい贅沢で、貴重な経験だったことがわかります。

実際の仕事では、クライアントから思いもよらない戻しが返ってくることがあります。代理店からの意見もあります。そのときにどういう話なら受け入れ、どういう話なら即座にはね返すのか。打ち合わせでは、どう発言し、どうまとめていくのか。岩崎さんが認める人物と、認めない人物の違いは何か。つぶさに間近で見聞きすることができたのです。半分冗談ですが、その観察でわかったのは、岩崎さんは大の巨人ファンでしたから、巨人が負けた次の日はとても機嫌が悪いということでした。だからあの頃の私ほどジャイアンツの勝利を日々願っていた人間は日本にいなかったのではないでしょうか。

それともうひとつ。入って5年間くらいでしょうか。コピーは書かせてもらっていましたが、打ち合わせにはいっさい参加させてもらえませんでした。ただ、打ち合わせテーブルの少し離れたところに私のデスクがあったので、打ち合わせ参加者の発言の要点とニュアンスをことごとくメモすることにしたのです（当たり前ですよね、やることないんですから）。第2章で書いた「その発言は誰がしたのか」や「ニュアンスの備忘録」をとることの大切さは、このときに叩き込まれて学んだもの。そして細かなメモの取り方はこれをきっかけにはじまった習慣です。打ち合わせに出させてもらえなかったのは正直不満でしたが、これを何年もやったことが『ベスト・キッド』の主人公の少年よろしく、のちに大いに役立つことになったのですから、人生何が幸いするかわかりません。


「会う、贅沢。」

「自然には敗けたほうがいい。」

「歩くはやさで、好きになる。」

「ならんで生きたい。」

「20世紀を、覚えておこう。」

35

人が一生のうちで会える人は少ない。この考え方もそうですが、岩崎さんからは、コピーをどう書くかの表層的なテクニックより、その手前にある「人はどう生きるべきか」「この世界のとらえ方」など、さまざまな根っこのところを教わったのだと思います。

そんな岩崎さんですが、仕事への取り組み方はストイックなところもあり、とても厳しい人でした。アシスタントである私に対しては特に厳しかったけれど、誰に対しても厳しさを持てるところが、岩崎さんの特徴だったと思います。

年上にも年下にも、広告代理店の営業だろうが、クライアントだろうが、ダメなものはダメ、嫌なものは嫌だと言いました。偉い人に媚びへつらうことも、下の人に当たり散らすこともなかった。相手の身分や肩書、年齢や性別によって態度を変えることがなかった。聖人君子だというつもりは毛頭ありませんが、とにかく平等、ブレないのです。

岩崎さんは、筋の通らないことが何より嫌いでしたが、逆に言うと、自分の頭で考えている人、仕事を舐めていない人、正しいことを言っている人であれば、それを認めて誰とでもフラットに向き合う人でした。そういう人だからこそ、当時私は岩崎さんのことをどちらかと言えば嫌いでしたが（わがままでしたからね）、そんな感情はどうでもいいと思えるくらい素直に尊敬できたのです。

理不尽の、その先に

24歳の頃。
宣伝会議ではなかったが、コピーの学校に通った。
宿題というものに、あれほど激しくコーフンしたのは、
思えば、生まれて初めてだったかもしれない。
無気力だった自分が、
やりがいのようなものをようやく見つけ出せたのも
その時だったし、何者でもなかった自分が、
ある種の社会性を手に入れたのも、
まさにその時がきっかけだった。
コピーの学校には、けっこう人生の風向きや、
行く末を変えるチカラがある。 いや何も、かつての

私のようなダメの人ばかりに集まってほしいわけじゃない。
ここは、更生施設ではない。でも、心のどこかで、
そういう人がマグマを抱えてやって来るのを、
ちょっとだけ楽しみに待っている自分がいる。

36

これは宣伝会議のコピーライター養成講座の生徒募集の文章です。私の講義では、コピーをひたすら書いてもらう。ただそれだけです。書いてきてもらったものはもちろん採点し、教室でコメントをするのですが、そのコメントは遠慮なし、かなり厳しく注意もしたし、叱りもしました。闇雲に書くだけでは、うまくならないという説もあります。でもですよ。

闇雲に書いたことすらない人間が、うまくなる可能性はありません。

だから、ひたすら書くことを強制しました。そのための、ハッパをかけるのが講師としての最大の使命なんだと思っていました。書くことをクセにすればいい。クセが、人をつ

くったり、人生をつくったりするのですから。

そうした方法論をもっと明確に打ち出したくて「年間弟子入りコース」と銘打った講座を、玉山貴康さんと開講したことがあります。講座を受講する人たちは、私たちの弟子になったつもりで言われたことを黙々とやってほしい。そして、こんなことをいうと怒られるかもしれませんが、生徒の要望なんて何ひとつ聞きません。そう宣言しました。

いまは、講師が生徒に評価される時代です。講師のほうが生徒に気を遣うのです。でもその対極にある教え方にもいまだに意味がある。そう信じる私は、たかだかカルチャースクールの一種であっても、本気でやれば誰かの何かしらのきっかけにはなる。そう思っていましたし、ひとつのことを一定期間、徹底してやれば、人生が変わることだってある。多少レールからはずれた子でも、そういう醍醐味を味わってほしいと思ってやっていました。


私が、岩崎事務所に在籍したのは15年間。その前半5年。ほとんど毎日、岩崎さんのそばにいましたが、それはもう大変でした。無視される、怒鳴られる、なんて当たり前。書いたコピーは見てもらえたのですが、それもずいぶんあっさりとしたものでした。コピーの束をパーッとめくって「はい」と返されるだけ。一週間かけて考えたボディコピーやステートメントコピーもだいたい15秒くらい。じっと見たあと「はい」と突き返されるだけでした。採用されることなんて数年間一度もありませんでした。

「もっとこうしなさい」とか「このへんを掘ってみれば」とか、書き方をアドバイスされたこともなかった気がします。いいコピーとは何か。打ち合わせでそれを語っているのを端で聞いたりはしていましたが、直接指導してくれる気配は、その後もいっこうにありませんでした。

いま思えば、間接的にでも岩崎さんの考えをたくさん聞けたのですから、ラッキーだったと思わなくてはいけません。充分すぎるくらい恵まれた環境だったのですが、当時はそのことに気付けませんでした。現代の人は「学ぶ」ためには、手取り足取りされながら授業のように「教わる」必要があるとつい思いがちですが、学ぶスタイルはそれだけではないはずです。本当に学ぶ人って、教わらなくても学ぶ人、教室の外側でいろんなことを自発的に吸収する人だと思います。

若い頃に、ひとりの人から圧倒的な影響を受ける。

たくさんの人から少しずつ影響を受けるより、ひとりの人から影響を受けるほうが、受け取るものの輪郭がはっきりする気がします。多少の理不尽があったとしてもです。いまは師弟関係がなかなか成立しづらい世の中になったと思いますが、それでもよく見れば、意義深い師弟関係や上下関係が、たくさんの会社の中に隠されていると思います。

仕事をご一緒する人と、若い頃の話とか、しますよね。そうすると十中八九とまでは言いませんが、かなりの確率で「厳しかったけどたいへん世話になった先輩」の話が出てくるものです。私はそういう話を聞くのが好きなんですが、そこに出てくる恩人は、複数人というよりも、大抵ひとりです。一対一の関係性の中で、怒られたこと、ほめられたこと、学んだことって、一生涯忘れないのかもしれませんね。現に私も、絶対に忘れない。それだけは自信があります。

忘れられない思い出の塊が、自分なのかもしれません。

いまどきは、どんなに大きな組織でも人を育てることに、時間もコストもかけられない。その余裕がないのだと言います(ほんとうは「余裕」の部分でやるもんじゃないんですけどね)。そんな状況が、一過性の人間関係を増やし、世代の違う人間との交わりを減らしているように私には見えます。そうして希薄化した人間関係が、職場に何をもたらすのか。個人主義、実力主義の美名のもと、職場は何を失ったのか。企業も個人もいま改めて考えたほうがいいのではないでしょうか。

ひとりでは、つくれないもの

岩崎事務所でのコピーづくりは、チーム戦でした。5年を過ぎた頃からでしょうか。だんだんふたりでコピーの打ち合わせをする機会が増えてきました。その後アシスタントが増え、多いときは4人で。それぞれが考えたキャッチコピーを持ち寄って、一枚ずつ手書きした数十案のコピーを発表していくわけです。

基本的には岩崎さんがジャッジするのですが、次第に意見のようなものを言えるようになっていきます。ああでもないこうでもないと話し合いながら、「てにをは」や言い回しに手を入れながらコピーを絞り込んでいく。だからコピーの上の句が岩崎さんで、下の句が私、みたいなことも出てきます。

この打ち合わせを、2回、3回と重ねていって、ようやく代表選手の5本とか、10本の完成です。このやり方は、業界的にも珍しかったと思います。コピーはそれまで、ひとりでつくるもの、という常識がずっとありました。コピーの作家性が信じられていた時代が、かなりのあいだ、尾をひいていたのかもしれません。

企業の顔ではない。消費者の顔でもない。
独立した第3の顔としてコピーは育った。
自分の発見を、自分の気持を、自分の感性を、自分の毎日を、
自分の夢を、自分の言葉を、コピーにしよう。
コピーライターの数だけコピーはある。
コピーは僕だ。

37

これは秋山晶さんが1980年に刊行された『コピー年鑑』に寄せたコピーライター界では有名な文章です。これはコピーライターが同業者に向けた初のマニフェストではないでしょうか。コピーは僕だ宣言。私がこれを見たのは1994年、コピーライターになっ

てすぐのこと。つまりは宣言後14年も経ってから見たわけですが、これには強い衝撃を受けました。そしてこの宣言は、いまもことあるごとに思い出します。1980年といえば、天野祐吉さん率いる『広告批評』が創刊された次の年。匿名だったコピーが、糸井さんのコピー、仲畑さんのコピー、として語られはじめた時代です。その意味でもコピーライターが「僕」を主張するのにちょうどいいタイミングだったのかもしれません。

数えると、「自分」という言葉が6回も使われているステートメントは、コピーライターたちが纏いはじめた、みなぎる自信と勢いのあらわれです。

バブルがきれいにはじけた後に働きはじめた私以降の世代は、「コピーは僕だ。」とは、どうしたって言いきれない。そんなこと言われても、というのが素直な感想です。

作家としてのコピーライターより、もうちょっと広告主とか消費者を強く意識しながら、うまくパッケージングできる人。あるいはクライアントとの協調性を重視しながら、コンサルタント的な役割を担える人のほうが、いまは重宝される時代です。

だからでしょうか。「このコピーはあの人の作品だね」と一発でわかるようなコピーは、最近めっきり減ってしまった気がします。なんとなく、秋山晶さんぽいよねとか、眞木準さんぽいよねとか、あの人っぽいという気配のようなものが、広告の言葉からずいぶんと失われてしまいました。作家性から匿名性へ。そういう変化の中で、岩崎さんと私は、コピーのふたり作業をはじめたわけです。

ふたりでやろうと言ってはじめたわけではありません。自然発生です。元々は、書いた束を渡してはひたすら突き返されていた私が、まれにコピーに丸がつくようになり、やがてはぽつりぽつりと言葉を交わせるようになり、ゆっくりとふたりでつくるスタイルが確立されていったわけです。ようやく、キャッチボールができるようになった、ということだと思います。そして私はこれを、意識的に継承したつもりはないのですが、いまも、誰かをパートナーにしながら、チームでつくる方法を続けています。

たばこを持つ手は、子供の顔の高さだった。

38

これは2004年から担当したJTの「あなたが気づけばマナーは変わる。」キャンペーンのコピーです。最終的には100近くつくりました。この仕事では、代理店の営業スタッフにもコピーを書いてもらいました。ほとんど採用しないのですが、例えばふたりに書いてもらえば「それを見るだけでブレストになる」。打ち合わせをするまでもなく2時間くらいいろいろな可能性を探ったのと同じ効果があるんです。もうひとつJTの『大人たばこ養成講座』では、私のアシスタント、代理店の営業の人、そしてなんとクライアントの担当者にも書いてもらいました（めちゃくちゃですね）。さらに最後は、寄藤文平さんと話し合いながら仕上げていきます。複眼でものに当たれば、ときに、自分でも気付かない自分を見つけることができます。楽してるだけのように見えますが、大人たばこはディテール勝負の原稿だったので、これが理想の体制でした。他にも、4人チームでLOFTのコピーを量産していた時期もあります。

ただ、チームの人数をもっと増やしていきたいと考えていた私も、近年はしだいに考えが変わってきました。揺り戻しです。コピーライターが我を通す機会がめっきり減ってしまったいま。バランスをとっているつもりが、結局は、試合を放棄して楽をしているだけではないか。それを繰り返すうちに、きれいさっぱり、生み出す言葉の中にいた「僕」がどこかに行ってしまったのではないか。

そしてコピーの中の空間が、無人になったのではないか。

そんな危機感を、抱くに至ったのです。秋山さんの言う「僕」は、単なる作家性の主張ではない。ましてやブームを謳歌することでもない。「おまえのつくる言葉の中に、おまえはいるか」。40年前の「僕」に煽られている気がします。

幸福と人生

使いたくない言葉の中に「夢」と「未来」があると言いました。でも先ほどは述べませんでしたが、「幸福」と「人生」も、ちょっとだけそんなところがありまして。「使いたくない枠」のすぐ下にある「できれば使いたくない枠」に入っていたのです。

そうはいっても実際はかなりの頻度で使ってましたが、書く瞬間に何か大げさなものを感じたりもして、毎回躊躇しながらの使用だったのです。ずっと思っていたことが、心にたまっていたのかもしれません。それが東京コピーライターズクラブのコラムで、ふとこぼれたのです。この文章は、岩崎さんへの追悼文として『コピー年鑑』に寄せたもの。
「幸福」と「人生」という言葉にまつわる、苦すぎるエピソードです。

一度だけ、岩崎さんに土下座をしたことがあります。
それは遠い昔の話ではなく、5年前。
岩崎事務所から独立して間もなくのことでした。
ことの発端は、TCCのホームページで
長年やっているリレーコラムというコーナー。
私は週の真ん中で「岩崎俊一さんのお作法」
というタイトルの文章を書きました。
自分が長年担当している
JTのマナー広告「大人たばこ養成講座」風の文体で、
岩崎さんの素顔や、仕事に取り組む姿勢など、
軽い調子で15のネタにしたのです。
コピーは2Bの鉛筆で書くこと。
ポロシャツの衿はさりげなく立てること。

女の子にだけやさしくすること。
コピーには幸福や人生という言葉を使うこと、などなど。
書いてて楽しくなってしまい、
調子に乗ってしまったのも事実なのですが。
コラムUP後、しばらく経ってからだと思います。
私のケータイに岩崎さんからメールが。
「リレーコラム、削除して。」と短く書いてありました。
意外でした。
しょうがねえなあと笑ってくれるのをほのかに期待していたのに、
正反対のリアクションとは。
翌日、赤坂のビジネスホテルのレストランで会うなりすぐに
「他のはいい。でも、幸福や人生のくだりだけはどう考えても許せない。」
「俺は必要もなくそういう言葉を使ったことはない。」
と岩崎さんは大声ではないけれど
何かを宣言するかのような強い口調で言いました。
本気でした。そして最後に

「おまえに言われたのがショックだよ。
もうおまえとはわかり合えない。だから仕事できない。」
やばい。
言葉でつくってきた関係が、言葉で崩れる。カンタンに。
押し黙っている私の心の中に浮かんできたのは、
そんな切れぎれの後悔でした。
さらに後日。全力の土下座と涙と鼻水で
なんとかお許しをいただいたわけですが…
「外が寒い、という幸福。」
「仕事は、人を幸せにできる。」
「人生は、冬ではなく、春で終わりたい。」
去年の年末以来、わかっているつもりで
何ひとつわかっていない自分を、
岩崎さんの本でことあるごとに戒めている。

（『コピー年鑑２０１５』）

岩崎さんは２０１４年に亡くなりました。

だから私が謝罪して許していただいたのは、2010年のこと。当時の私は岩崎さんの事務所を出て独立したばかり。仕事は一緒にしていたけれど、15年間弟子としてずっとそばにいたときのことを考えれば、少し距離のある状態でした。

岩崎さんのことをある程度知る人であれば、「幸福」と「人生」が使われているコピーが多いイメージはあると思います。私は弟子でありながら、そのふたつの言葉をなぜ使うのかを理解できずに、どちらかといえば、懐疑的な気持ちを抱いていたのだと思います。だから私は、ユーモアでくるんで書いたつもりでしたが、それは見当はずれなだけでなく、心をえぐっただけでした。文章には否が応でも「人間」が出てしまうと書きましたが、人をみくびる私の欠点がこんなところで出てしまったのです。

「おまえに言われたのがショックだよ」

私は、岩崎さんのことを誰よりもわかっているつもりでいましたが、誰よりもわかっていませんでした。自分のことは、人一倍神経質で繊細な人間だと思っていましたが、決定的なところで、無神経であることを思い知らされました。

人が大切にしているもの。それを大切にすること。

担当する企業や商品に対して、そういうことを心掛けてきたはずなのに、よりによって、人生で出会った、もっとも大事な人に対してそれができていなかった、ということに尽きます。そのことに関しては、いまでも当時の悔いが、ほとんどそのまま胸の中に残っています。これも一生涯、忘れることはないでしょう。

みなさんに言いたいのは、信頼を築くには、本当に長い年月がかかるということです。私の場合、10年でした。でも失うのは、唖然とするほど一瞬です。これはステートメントの本ですが、広義には、人と人とのコミュニケーションの話です。おもにはクライアントと制作者、企業と消費者の関係について語っていますが、それもまた「人間と人間の話」に他なりません。2009年に岩崎さんが出した単行本『幸福を見つめるコピー』の序文にはこう書かれています。

幸福になること。人は、まちがいなく、その北極星をめざしている。
そのためにこそ、さまざまな表現物はこの世に生まれ、人に出会い、
出会った人の心に寄りそい、背中を抱きしめ、
そして人の前に火を灯して、歩むべき道を照らす。
コピーも例外ではない、といいばるつもりはないが、

少なくともここをめざして書かなければいけないと、
ずっと思ってきた。
それは、企業は何のために存在するのか、
商品は何のために生まれてくるのかを考えれば、自明である。
すなわち、人の役に立つためである。人を助け、人を育て、人を守り、
人を愉快にし、人によろこびを提供するためだ。
すべての広告は、ここを「基地」とし、発信される表現物だ。
それが、「幸福」という北極星をめざさないわけはないのである。
製薬会社なら、人を救うこと。食品会社なら、
安全でおいしい食べものを届けること。
文具会社なら、自分の手のように使える文房具をつくること。
自動車会社なら、いまこそ環境にいいクルマを開発すること。
老人ホームなら、安寧な老後を約束すること。化粧品会社なら、
美しくすこやかに生きるサポートをすること。
至る道はそれぞれ違う。やることは別々である。
しかし、めざす星はただひとつ、「人の幸福」である。

逆に言えば、そうでない企業や商品は、
この世に存在する理由はないのである。

幸福を願う気持ちが「幸福」という言葉を連れてくる。しかもその幸福は、生涯にわたるものであってほしい。そう切実に願う気持ちが「人生」という言葉を連れてくる。どういう言葉を選ぶかは、とどのつまり書き手の願いの強弱によって決まるのです。そう、何を念じているか、なのです。岩崎さんは、他の追随を許さない圧倒的な強度と深度で、幸福を願っていた、ということです。

コピーライターは、以前思われていたような、調子のいい人がやるような商売ではありません。思いがある人、燃えている人、そして献身的な人間が、やる仕事です（そうでなければ言葉はいとも簡単に方向性を見失い、慇懃無礼や紋切り型の「らしさの世界」に引きずり込まれてしまいます）。

コピーを書く人だけじゃなく、ありとあらゆる書類や企画書を書く人も、それでお金をもらう以上、文章のプロであるべきだと言いました。でも、プロフェッション（専門職）の気概を持ってそれに取り組む人間は、残念ながらそれほど多くはありません。プロとはどんな人かと言えば、経験の豊富さや技術の高さを誇る以上に、一途な思いを持っていて、なおかつそれを何十年も持続させられる人のことなのだと思います。岩崎さんが、まさにそういう人でした。岩崎さんほど長年活躍した人も珍しいと思うのですが、その年月を支えていたのは、やはり最後まで手離さなかった、コピーへの熱い気持ちだったと思います。しかもそれに加えて岩崎さんは、書くことをずっと楽しんでいた。60代に入ってからも時々はずむようにつぶやいていたセリフ。それがなんせ「コピーって楽しいなあ」だったのですから。これにはさすがに私もうつむいて笑ってしまいましたが。

書くことは、生きること。

言葉を送ることは、自分を送ること。

そんな意識があまりにも希薄になってしまったのが、いまという時代なのかもしれません。言葉をたやすく送り合えるあまり、21世紀の人々は、かつてないほど「軽量」なものとして、言葉を認識しはじめた気がします。

そういう時代だとしても、いや、そういう時代だからこそ、言葉の重みを感じながら、柔らかいけど響く言葉を、臆病に、発信していきたいと思います。何しろ言葉は、人間のいちばん柔らかいところが、直《じか》に受け取るものなのですから。

対談

ナイツ塙宣之×岡本欣也

漫才師と広告コピーライター。一見接点がないように思えますが、言葉を仕事にしているという大きな共通点があります。漫才師として活躍するナイツの塙宣之さんは、内海桂子師匠の弟子であり、この本でたびたび出てきた「師弟」についてもお話できるのではないか、そんな期待から対談をさせてもらいました。塙さんはバラエティー番組で「キャッチコピーをつけてください」とお題を出されることもあるようで……。どうやって言葉を生み出していくのか、ひねりとスピードについて、そして浅草についても話が及びました。

ゼロからつくったものがなくて…

岡本　塙さんもぼくもジャンルは違うけれど、どちらも言葉を扱う仕事です。まずはどうやって言葉を生み出しているのかについて聞いてみたいんですけど。塙さんはナイツのネタをぜんぶ書いていらっしゃいますよね、そのネタはどうやって書いているんですか。

塙　ネタは毎日書いていてブログにも載せているんです。2005年から毎日書いているので、そのネタだけでも4500本くらいありますね。

岡本　毎日?15年間?信じられない。それはすごいですね。

塙　もう習慣です。それにナイツの漫才ってみんなおもしろがってくれるけど、結局のところはパロディの要素が9割。パロディって、どっちかというと、ものまねに似ているんです。

岡本　ものまねですか？

塙　そう。何かあるものに対して、ちょっとずらして物を言う。何か対象物があって、初めて成り立つものなので。だから、自分がゼロからつくったものがなくて。

岡本　ゼロからつくったものがない。その感覚は、まるっきり一緒です。例えばお笑い番組で、この写真に何か言葉をつけろってお題が出されることありますよね。ぼくらの仕事は、あれかもしれません。まず広告すべき商品があって、そこに言葉をつけろって言われているわけですから。

塙　たまに番組内で「キャッチコピーをつくってくれ」と言われることがあるんですけど、まったく思いつかないんですよ。だから、岡本さんがどうやってキャッチコピーをつくっているのか興味がある。でもまるっきり一緒だとしたら、ぼくにもできるかもしれない（笑）。

岡本　もちろんできると思います。塙さんは「喋る人」なんだけど「書く人」だから。人間には2種類あって、喋る人と書く人に分けられると思っているんですが、塙さんは、喋る人寄りの書く人（笑）。だから絶対書けると思います。塙さんはやっぱり、言葉を練ることに、相当な時間を費やすんですか。

塙　言葉もそうですが、それよりも素材選びに時間かけます。コンビで練習する時間よりも、素材を選ぶ時間のほうが100倍くらい長いです。

岡本　この素材はネタになるなとか、書いてみて思うんですか？それよりも、その素材に出会った瞬間ですか。

塙　書く前です。例えば結婚という話だと、小泉進次郎と滝川クリステルなら話が膨らむなと思うんだけど、蒼井優と山ちゃん（南海キャンディーズ・山里亮太）では話が膨らまないなとか、パッとイメージが浮かんでくる。何でなのかよく分からないけれど、直感で。山ちゃんではネタが膨らまないけれど、相方のしずちゃん（山崎静代）はボクシングもあるから、ネタに広がりが出そうな気がするとか。

岡本　いろいろな要素がある人のほうが、ネタは膨らみやすいと。

塙　それもあるんですが、自分と近い人より遠い人のほうがいい。たぶん膨らむ素材って「ちょっと遠いところ」にあるんです。遠すぎてもダメなんですけどね。岡本さんはどうしているんですか。例えばコピーを依頼された会社や商品が、まったくの無名ということもありますよね。何の情報もない、バックボーンもない、みたいな状況でも書けるもんですか。

岡本　これまで書けなかったことはありません。無名の会社や商品だったとしても、それが生まれてきた理由って何だろう?ということを考えると、自然と言葉は生まれてきます。スタートアップ企業なんかは、そもそもぜんぶ知名度0%ですからね。

塙　は～、生まれた意味ですか。

岡本　はい。その存在理由を考えます。その会社や商品が存在する理由を明確にできたら、それは必ずおもしろくなると思って書いています。おもしろいにもいろいろあって、受け手に何か発見をあたえたとか、深く納得してもらったとか、何かしらの反応を生むように伝えることはできる。だから本質を追求すれば、おもしろくなると思っています。

塙　なるほど。笑わすだけが、おもしろいってことではないですもんね。

岡本　だからコピーライターは、自分に才能があるかどうかはあまり関係ない。かつてはコピーライターがブームになった時代があって、糸井重里さんや仲畑貴志さんのようなセンスや才能によって、時代を動かす言葉が生まれるんだよねと思われていた。でも今の時代は、そうではなくて。商品のなかにある大事なものをどうやって掬い上げるのかが求められている気がします。ぼくの勝手な解釈ですが。コピーライターはいたこや黒子みたいなもので、商品側が勝手にしゃべり出してくれるから、その声を聞けばいいだけなんです。

塙　でもそれができない人は大勢いて、商品をしゃべらせることができるのは岡本さんの才能ではないかと思いますけどね。

岡本　塙さんがネタを考え続けてこられたのと同じで、ぼくもコピーを考え続けていたので、脳がそういう回路になっているのかもしれません。コピーが書けるなら、小説もエッセイも書けるでしょと言われることがあるんだけど、他のものは全然書けないんです。同じ運動でも種目が違うというか、ぼくはコピーを書くための筋肉しか鍛えていないんだと思います。塙さんは？

塙　ぼくも同じです。短くまとめるのも難しいけど、小説なんか書けと言われても絶対書けないですね。

岡本　ネタはけっこうな文字量がありますよね。長い文章なら書けるのでは？

塙　それなりに文字量はありますけど、漫才の形式じゃないと書けないですね。おそらくぼくも漫才脳になっているんだと思います。

師匠という存在

塙　コピーライターになるにはどうするんですか。養成講座みたいなところに行くんですか。

岡本　若い世代のコピーライターたちは、広告会社に所属していたり、コピーの講座出身という人もいますが、ぼくよりずっと上の世代の人たちは個人事務所に弟子入りしてという人がけっこういました。コピーの世界では昔から徒弟制度のようなものが存在していたんですけど、いまはたぶん珍しいと思います。

塙　じゃあ、岡本さんはコピーライター界、最後の弟子だ。ところで師匠はどんな方だったんですか。

岡本　ぼくは岩崎俊一さんという方の事務所に25歳で入って40歳までいました。その後独立するまで、師匠と弟子の関係が15年続いたわけです。

塙　そうだったんですか。ぼくたち芸人の世界も、師匠がいない芸人がほとんどになってしまいました。これはお笑いの養成所ができたからだと思います。

岡本　それは大きいでしょうね。ぼくはコピーを教える講座の講師を務めながらも、徒弟関係が希薄になっていくことに疑問があって。講座に「弟子入りコース」なんて名前をつけて開講したりしました。岩崎さんは言葉で指導してくれるタイプではなかったんですけど、来る日も来る日も側にいたことが、今となっては財産になっているという実感があるわけです。

塙　それだけ密度をもった関係性と比べると、ぼくらと桂子師匠（内海桂子）との関係性は、レベルが違うかもしれません。毎日一緒にいるわけでもないですしね。

岡本　なぜ桂子師匠のお弟子さんになったんですか。

塙　マセキ芸能社の元会長（柵木眞）に漫才協会に入るように言われたことがきっかけですね。当時の漫才協会は、誰かの一門に入らないと所属できなかったんです。それでいきなり桂子師匠の弟子になれと言われましたが、年齢も50歳以上離れていて孫のように感じていただいたのか、優しくしていただいているという印象しかないです。だから全然厳しくなかった。

岡本　へえ、そうなんですね。すごく厳しく育てられたのかと思っていました。勝手に同じ匂いを感じていました。でもナイツのおふたりは、厳しくするまでもなく、ちゃんとしていたんでしょうね。若い頃から、ちゃんとしてそうですもんね。

塙　いやいや、全然だったんですけど。なぜか優しくしていただきました。岡本さんの師匠は怖かったですか。

岡本　怖かったというか、近寄りがたかった。あいさつすらしてもらえない期間が

2、3年ありましたから。なぜ無視されるのかは、まったくわからなかったんですけど。でも今は、わかりにくい優しさを持った人だったのかなと思っています。

塙　わかりにくい優しさですか。

岡本　コピーは1年目から書かせてもらっていましたが、書いたコピーを見せると100%ノーコメントなんです。ダメってコメントもないから、この人はなんて冷たい人なんだろうと思っていたんです。だけど自分が独立して、弟子ができて思うのは、まだ駆け出しの子が書いたコピーに目を通すのは、けっこう苦痛なんです。忙しいときなんかは明日にしてくれと言いたくなる。でも岩崎さんは絶対に見てくれました。後にしてくれと言われたことは一度もなかった。だから、本当の優しさって、わかりにくいものなんじゃないかなって、いまは思います。

塙　厳しい師匠のもとで修行していて、例えば周囲の人から、もう仕事を辞めたほうがいいとか言われることはなかったんですか。

岡本　それはなかったです。厳しくされていることも家族には言わなかったような気がします。ただぼくは常に辞表を持ち歩いていましたね。

塙　辞表を？

岡本　はい。いつでも辞められるように鞄の中に入れていました。それでも諦めずに続けていると、3年目を過ぎたあたりから、ふわっとワンステージ上がったような気がして、その次に5年目でもう一回ふわっときました。芸人さんはどうなんですか。ぼくの実体験からして、コピーライターとして一人前になるには10年必要だなと思っているんですけど。

塙　ナイツがテレビに出られるようになったのは8年目くらいからです。その1年くらい前にヤホー漫才の基礎が出来て、やっと自信をもって出られるなと思えるようになったくらいですね。だから、桃栗三年、柿八年。あれは人生の実がなるための年月として、圧倒的に正しいですね。

岡本　確かにぼくも初めて面と向かって、岩崎さんに褒められたのは8年目で。「岡本はボディコピーうまくなったなあ」ってしみじみと言ってくれた日のことは、いまでも忘れません。

ひねりとスピード

塙　ぼくの場合、ヤホー漫才ができるまで、自分たちのオリジナルと呼べるものがなかったんです。他の人がやったものを真似したような漫才をやっていたので、全然自信がなかった。

岡本　そうだったんですか。ヤホー漫才にたどり着くまでの7年間というのが、非常に興味があるんですが、自分たちのオリジナルが見つからず、腑に落ちないまま漫才をやり続けているときというのは、何を考えていらっしゃったんですか。

塙　そうですね。ネタの内容というよりも、人間力を鍛えないといけないと思っていました。芸人って遊ばないといけないとか、流行にのっからないといけないというのが、自分のどこかにあって。田舎者だからそう思ったのかもしれません。例えば渋谷に人がものすごく集まりますよね。どうしてあんなに人が集まるのか、ぼくにはわかる気がします。

岡本　それはどうしてですか。

塙　渋谷に行くだけで、流行にのっているような気持ちになれるからなんです。新しいものがある渋谷に行けば、自分もおもしろくなれるとどこかで信じていて、とりあえず渋谷で遊んでいようと。だからお笑いに集中しようという気があんまりなくて。自分は行動がおもしろい奴なんだ、人間的におもしろいから、本気を出せばいつでも売れるんだと。

岡本　それはですね、売れないパターンですよね…。でも、それでイケてると勘違いして過ごしていたと。

塙　そう、ものすごい勘違い。ぼくが憧れたダウンタウンさんなんか、ネタをやっているという印象がなかったんですよね。本当はネタをつくって披露してという時代を過ごしているんですが、ぼくが存在を知った段階ですでに売れていたので、ネタを見た記憶がなかった。ぼくはそこに至るまでの経緯を想像もせず、その地位にすぐに行けると勘違いしていたんです。でも、あるとき気がついて、ネタづくりに力を入れるようになりました。で、そこからひたすら書くようになって、それが今まで続いているんです。

岡本　書いてきた文字の総量ですよね、きっと。膨大なその文字が、今の塙さんを支えている気がします。ところで最近のバラエティーは、練られた言葉よりも、瞬発的なリアクションができたり、フリートークが上手だったりする人が活躍されているように見えます。じっくりと言葉と向き合う塙さんにとって、あの瞬発性はどう考えているんですか？

塙　おっしゃるとおりで、テレビの世界では特に瞬発力が求められます。これはよく野球にたとえるんですけど、野球でいうストレートのツッコミが、お笑いでいう「うるせ～よ」だとします。テレビの世界においては、より速いストレートが投げられないとやっていけない。でも自分は「うるせ～よ」じゃなくて、返しを変化球にしたいわけです。例えばダウンタウンの松本さんや、ザキヤマさん（山崎弘也）あたりの強烈なボケの人と一緒に出演するときなんかは、自分が日常的に「うるせ～よ」といったツッコミを発することがないから、咄嗟に言葉が出てこない。おまけに根底には、ちょっと人とは違うこと、何か練ったことを言いたいという気持ちがあるから出遅れてしまう。でもテレビでは、凝った言葉よりもストレートのほうが求められることが多い。

岡本　あの異様なまでのスピード感ってすごいけど、何なんでしょうね。

塙　相方の土屋（土屋伸之）も何かひねって言いたいと思っちゃうタイプで、2人揃って出遅れる（笑）。そんな感じだから、ばんばんストレートを投げ込める人には憧れもあるんです。

岡本　いまってそれを見ている一般の人たちまでが、ツッコむ準備をしていますよね。実際SNSでツッコんで楽しんでいる。そうやって日常の言葉の投げだし方まで、スピード重視になるのはどうかなと。だいたい現代人は、そもそも喋りすぎだと思いますし。ちなみに塙さんはプライベートではあまりおしゃべりしないほうですか。

塙　そうですね。娘が3人もいると相当に賑やかで、娘たちのおしゃべりを聞いているほうが多いですかね。娘たちは、話を聞いてほしいけれど、ぼくに意見されるのは嫌なので、余計なことは言わないようにしています。何かちょっとでも意に反することを言うと嫌われるから、黙って聞いています（笑）。

岡本　芸人として言葉を生業にしていると、日常で言葉を発しているときに、仕事をしている気分になるみたいなことはあるんですか。

塙　相方とはそうなりますね。だからステージ以外の場所であまり話したくない。新鮮さが失われるのも嫌ですし。

キャッチコピーが浅草を印象付けた

岡本　ナイツのお二人には、桂子師匠のお弟子さんという印象があって、ぼくと師匠ほど密度の高い関係ではないとはおっしゃるけれど、塙さんは浅草の先輩芸人のみなさんも含めて、とても大事にしていらっしゃるように感じます。徒弟制度とか師弟関係とかが希薄になった時代において、上下関係が見える人自体が少なくなっているなかで、師匠や先輩の存在が見えるナイツというコンビは珍しい存在だと思うんです。

塙　最初ぼくたちは寄席ではなくてテレビに出たかったので、浅草で弟子入りして、ということに対して実は反発する気持ちもあったんです。でも漫才協会に入って2年目くらいのときに、相方の土屋と一度話し合って。そこからですね、ぼくらが変わったのは。

岡本　そうだったんですね。何を話し合ったのですか？

塙　最初は乗り気ではなかったんですが、結局は、自分たちには浅草が合っているんじゃないかって。そこから意識が変わって、浅草でやっていくと決めたんです。自分たちにできる範囲でいいから、桂子師匠の弟子としてできることはやっていこうと。東洋館に出ている先輩の舞台を見て、誘われたら先輩と一緒に飲みに行ったりするようになったんです。

岡本　腹をくくったら、視野が開けてきた？

塙　先輩と飲みに行くのも嫌々じゃないんです。飲みに行くとおもしろいことが起きるから。例えばこんなの堅くて犬も食べないんじゃないかと思うような焼き肉屋に連れて行かれて。あまりにまずいから、誰かが持参した塩をふって食べたりとか。

岡本　あはは。

塙　必ず何かが起こるんですよ。それで、なんでこの人たちはこんなにおもしろいのかなと。70歳を超えてもずっと舞台に立ち続けて人を笑わせている先輩が、こんなにもたくさんいるのかっていう。自分の想像や今までの常識を、いちいち越えてくる。

岡本　想像を超えてくる先輩っていいですよね。そういう先輩から教わることってなんかありますよね。逆に、型にハマった先輩しかいない場所って息苦しいですもんね。

塙　浅草以外のところだと、同世代と仕事をすることが多いので、考えていることなんかも似ているわけです。だから浅草の先輩たちといるほうが、より刺激を受けられる、ということは絶対的にあると思います。

岡本　ジェネレーションギャップから生まれるおもしろさってありますよね。ぼくは浅草の火を消さないためとか、そういう使命感をお持ちなのかと思っていました。

塙　それはぼくたちではなく、見てくれる側の人たちが、ナイツのことをそんなふうに認識してくれたということが大きいと思っています。「M－1グランプリ」に出場すると、キャッチコピーがつけられるんですが、ぼくたちは「浅草の星」というキャッチコピーをもらい、応援メッセージをおさめたVTRに桂子師匠が登場してくださったりしたことで、視聴者のみなさんにナイツ＝浅草というイメージが定着したんだと思っています。

岡本　ナイツのイメージをつくったのは、キャッチコピーだったんですね。

塙　それから「爆笑レッドカーペット」や「ENGEI グランドスラム」など、フジテレビのお笑い番組を演出している藪木さん（藪木健太郎）がぼくたちに「ベテラン風若手芸人」というキャッチコピーをつけてくださった。それがぼくとしてはすごく嬉しくて。ちょうど「ヤホー漫才」が流行していたときだったから、ヤホーとかつけられるのかなと思っていたら、浅草の感じも伝わるし、すごくいいなと思って。

岡本　うん、いいコピーですねえ。的確ですね。

塙　お笑いのステージに呼ばれるときに、いまだにヤホー漫才で有名なナイツさんって紹介されることが多いんです。もっと違う紹介文はないかなって思うんですけど、なかなか出てきません。それは自分にも言えることで、書籍の帯にコメントくださいって言われるといろいろ考えるんですけど、結局は「ヤホーで調べても、こんなにおもしろい内容出てきません！」とか、そんなのしか出てこない。だから改めて、「ベテラン風若手芸人」はすごいと思うんです。

岡本　ベテランっぽくもあるし、若手でもある。ふたつの言葉が拮抗していて、いいコピーです。この本でもそのあたり、解説しておりますので(笑)。今日はたくさんの話をしていただいて、しかもいろいろな話を聞いてくださいまして、本当にありがとうございました！

塙　こちらこそ、楽しかったです。

おわりに

「一」が大切であるということ。この本を書き終える頃、ふと頭に浮かんできたのはそのことでした。ステートメントは、ひとりが、ひとりへ送るもの。これは「一」から「一」へ。自分で自分に取材するのは「一」の中の対話。センテンスにおける一節一義の法則も「一」と「一」ですし、全体の伝えたいことをひとつに集約するのも「一」。みんなではなく、トップが何を考えているかも「一」。歴史をさかのぼり、創業者というひとりの人間を見つめる眼差しも「一」。思えば無頼派も頼るものが無いのですから「一」かもしれません。

そして何より、それなりに長い人生の中で、たったひとりの人間にこんなにも影響されることってあるんだと、この本を書くことで改めて痛感した、岩崎さんという「一」。ぜんぶ「一」。ひとりとひとつ。この本は、ステートメントの重要性と、事例としてのステートメント紹介と、その発想法や心構えについておもには記したものですが、全編に通底するのは、どの章もひとつとして例外なく「一」について、だったのです。

「一」になるまで、かたまりを、ほぐしていく。

自分がそういうものを指向しているのだという自覚が、本当に書き終える辺りまでありませんでした。そしてようやく最後にこの本の主題が見えてきたのですから、そのことが何よりも驚きでした。本文でも力説していますが、文章とは、伝えるべきことをとにかく「事前」にはっきりさせることが大切なのだと、ずっと思ってきたからです。

だから、自分の意図しなかったものが後から立ち上がってきて、それに対して妙に納得してしまう、という長文ならではのとても不思議な感覚を鮮度を持って味わうことができたのです。でもそれだけではありません。予感のようなものや安堵のようなものもそれと同時に湧いてきました。

なぜなら、「一」が見えたとき、「あ、この本を書いてよかったのかも」と、これもまたふと思ったのです。多くの人の心を動かすことを目的とした、マスコミュニケーションの仕事に、ただただ全力で携わってきた自分のおよそ四半世紀が、ようやくたどり着いた場所。そこには巨大な石碑が立っていて、「一」という文字だけが、太めの習字体で深々と刻まれていたとしたら。それは、意外と、悪くない。その大いなる矛盾のような結論が、かえっておもしろいとも思ったのです。

そしてもうひとつ、この本を振り返るなら、じつにたくさんの方にお世話になりました。この本を企画してくれて、腰の重い私をいつの間にかやる気にしてくれた宣伝会議の浦野有代さん。まとまりのない私のおしゃべりを前向きに記述してくれたライターの吉川ゆこさん。浦野さんを引き継いで、遅々として進まない私の筆をずっと平常心で待ち続けてくれた篠崎日向子さん。

装丁をデザインしてくれただけじゃなく、ふだんの会話の中で、いくつもの示唆を与えてくれる寄藤文平さん。そして、ステートメントの掲載を許諾してくださったクライアントとコピーライターのみなさまと、私の仕事をともにつくり上げてくれた同志のみなさまに、お礼を申し上げたいと思います。ありがとうございます。そして最後になりましたが、ステートメントの話をたて糸に、岩崎さんの話をよこ糸にして編まれたこの本を見つけてくれて、最終ページまで目を通してくれたあなたに、心からのお礼を申し上げます。本当にありがとうございます。この本は、まだ見ぬあなたへの1冊の手紙です。

	「ココロとカラダ、にんげんのぜんぶ」オリンパス／企業／山本高史
	「なにも足さない。なにも引かない。」サントリー／サントリーウイスキー／西村佳也
20	トンボ鉛筆／企業／岩崎俊一
21	本田技研工業／企業／岡本欣也・荒木俊哉
22・23	POWER FORUM事務局／岩崎俊一
24	アサヒグループ食品／ミンティア／岡本欣也
25	『大人たばこ養成講座』（美術出版社）／岡本欣也
26	生命保険会社のためのコピー／岡本欣也
27	木楽舎／『孫の力』／岡本欣也
28	ゴディバ ジャパン／企業／岡本欣也・原野守弘
29	西武百貨店／夏の日本一の市「山口瞳」篇／岩崎俊一
30	サンスター／企業／児島令子
31	本田技研工業／企業／岡本欣也
	ダイヤモンド・リアルティ・マネジメント／企業／岡本欣也
32	下記以外は、19と同じ。
	「バカまじめ。」日本郵便／ゆうパック／福里真一
33・34	サントリー／お歳暮／岩崎俊一
35	「会う、贅沢。」西武百貨店／お中元／岩崎俊一
	「自然には敗けたほうがいい。」全農／農協牛乳／岩崎俊一
	「歩くはやさで、好きになる。」明治製菓（現・明治）／明治ミルクチョコレート／岩崎俊一
	「ならんで生きたい。」セゾン生命／企業／岩崎俊一
	「20世紀を、覚えておこう。」ソニー／企業／岩崎俊一
36	宣伝会議コピーライター養成講座／弟子入りコース／岡本欣也
37	『コピー年鑑1980』（誠文堂新光社）／秋山晶
38	日本たばこ産業／「あなたが気づけばマナーは変わる」シリーズ／岡本欣也

索引

※広告のコピーについては、広告主／商品／コピーライターを記しています。

岡本欣也

おかもと・きんや

コピーライター・クリエイティブディレクター
岩崎俊一事務所を経て2010年オカキン設立。
著書は『大人たばこ養成講座』『「売り言葉」と「買い言葉」』など。
主な仕事は、ジオス「英語を話せると、10億人と話せる。」
JT「大人たばこ養成講座」「あなたが気づけばマナーは変わる。」
キリンフリー「飲酒運転を、0.00%に。」
家庭教師のトライ「トライなら、落書きするヒマを与えません。」
ブックオフ「ゆるく行こうぜ、休日ブックオフ。」
ホンダ「ハイブリッドカーを、安くつくれ。」
WOWOW「いいもの、ゴロゴロ。WOWOW」
京王電鉄「東京は、美しい。」
金麦ザ・ラガー「人間、飲んで食ったら、大満足。」
GODIVA「日本は、義理チョコをやめよう。」など。
日本郵便「年賀状は、贈り物だと思う。」
ミツカン「やがて、いのちに変わるもの。」
など岩崎俊一さんとの共作多数。

ステートメント宣言。

発　　行　2021年3月6日　初版第一刷発行
　　　　　2021年4月14日　　　第二刷発行

著　　者　岡本欣也

発行者　東彦弥
発行所　株式会社宣伝会議
〒107-8550　東京都港区南青山3-11-13
TEL:03-3475-3010(代表)
https://www.sendenkaigi.com/

装　　幀　寄藤文平・古屋郁美(文平銀座)
協　　力　岡本弥生、吉川ゆこ

印刷・製本　モリモト印刷

ISBN 978-4-88335-517-4 C2063

宣伝会議の書籍

ブランデッドエンターテイメント
お金を払ってでも見たい広告
カンヌライオンズ審査員 著、PJ・ペレイラ 編、鈴木智也 監修・訳

「広告が見られない時代」に生まれた新しい広告の形、「ブランデッドエンターテイメント」。世界の広告・メディアのスペシャリストが豊富なケーススタディと共に解説する、「広告の未来」を担う人たちへの参考書。

定価2420円(税込) ISBN 978-4-88335-499-3

プレイフル・シンキング
【決定版】働く人と場を楽しくする思考法
上田信行 著

「仕事に真剣に取り組むときに起こるドキドキワクワク感」。それが本書が定義する「プレイフル」。オフィスや学校などで直面する様々な課題も、プレイフルに働くことで解決できる。それこそが真の働き方改革であり、楽しさにこそ仕事の本質がある。

定価1760円(税込) ISBN 978-4-88335-493-1

アイデアは捨てるとうまくいく
堀 宏史 著

新しいアイデアは「捨てる」ことから生まれる!「忙しい」を捨てる、「リミッター」を捨てる、「起承転結」を捨てる…あなたを縛る「常識」「思い込み」を疑い、余計な思い込みを捨ててアイデアを生み出す、デジタル時代のミニマル企画術。

定価1760円(税込) ISBN 978-4-88335-469-6

恐れながら社長マーケティングの本当の話をします。
小霜和也 著

「マーケティングが経営の重要な一角を占める」という認識が広がる昨今、宣伝部・マーケティング部だけでは企業のマーケティング全体は担えない。しかし他部署と連携せず、遠慮や忖度で調整に終始してしまう…。こんな状況を打破するための指針となる一冊。

定価1980円(税込) ISBN 978-4-88335-484-9

宣伝会議の書籍

逆境を「アイデア」に変える企画術
～崖っぷちからV字回復するための40の公式～

河西智彦 著

「ひらかたパーク」はなぜV字回復したのか。失敗続きの「崖っぷちお菓子」は、なぜ売れたのか──。「最強のアイデア」は逆境でこそ生まれる。〝逆境請負人〟が記す、結果を出したいすべての人のための起死回生の一冊。

定価1980円（税込）　ISBN 978-4-88335-403-0

見通し不安なプロジェクトの切り拓き方

前田考歩・後藤洋平 著

ルーティンではない活動すべてをプロジェクトとしてとらえ、工学的なアプローチから成功に導く方法論を解説した前著『予定通り進まないプロジェクトの進め方』の実践編。本書では共通のフォーマット、プロトコルに基づく「仕組み」や「方法」を活用し、未知で困難なプロジェクトを切り拓くための方法を伝える。

定価1980円（税込）　ISBN 978-4-88335-490-0

アスリート×ブランド 感動と興奮を分かち合うスポーツシーンのつくり方

長田新子 著

数々のマイナースポーツとアスリートを創生期から支え、ともに成長を続けるレッドブル。〝ブランドが持つべきビジョンとその価値の高め方〟〝アスリート支援の実際〟〝イベントの主催・協賛の留意点やメリット〟〝イベントを通じたコミュニケーションの切り口〟などを、元CMOが明かす。

定価1980円（税込）　ISBN 978-4-88335-497-9

広報の仕掛け人たち
顧客の課題・社会課題の解決に挑むＰＲパーソン

日本パブリックリレーションズ協会 編

ＰＲの力で世の中を動かす！　ＰＲアワードグランプリを受賞した大和ハウス工業「名もなき家事」ほか、全11の事例を収録。社会的な文脈のなかで、生活者の共感を呼ぶ企業、ブランドとして語られるためには。社会を変えていくＰＲの戦略・アイデア・クリエイティブ術を学べる一冊。

定価1980円（税込）　ISBN 978-4-88335-501-3

詳しい内容についてはホームページをご覧ください　www.sendenkaigi.com